书香首图 悦读阅美

首都图书馆校外活动实践课程

首都图书馆 编

学苑出版社

图书在版编目（CIP）数据

书香首图　悦读阅美：首都图书馆校外活动实践课程／首都图书馆编．— 北京：学苑出版社，2016.12
ISBN 978-7-5077-5021-8

Ⅰ．①书… Ⅱ．①首… Ⅲ．①公共图书馆－校外活动 －课程建设－中小学－研究－北京 Ⅳ．① G259.271 ② G635.5

中国版本图书馆 CIP 数据核字（2016）第 303113 号

责任编辑：战葆红
封面设计：于海歆
出版发行：学苑出版社
社　　址：北京市丰台区南方庄2号院1号楼
邮政编码：100079
网　　址：www.book001.com
电子信箱：xueyuanpress@163.com
联系电话：010-67601101（销售部）　67603091（总编室）
经　　销：新华书店
印　刷　厂：北京文福旺印刷有限责任公司
开本尺寸：700×1000　1/16
印　　张：11.25
字　　数：350千字
版　　次：2016年12月北京第1版
印　　次：2016年12月第1次印刷
定　　价：30.00元

编委会

顾　问：贾美华　王建平　王颖

主　编：王　梅　陈金荣

副主编：左　娜　姬艳辉

编　审：丁明怡

编　委：李梦楠　吕叶欣　陈彦斌　丁晓蕾　米昱婧
　　　　田雪蕊　陈紫薇　董玉华　华　昆　李　刚
　　　　刘　安　祁晓婷　张　勋　沈艳杰　宋云伟
　　　　张行行　赵文艺　侯　雪　陈立华　庄　重
　　　　许　芳　吕艳茹　孔　磊　陈　晨　赵雪莹

序

  为了更好地贯彻落实《北京市实施教育部〈义务教育课程设置试验方案〉的课程计划（修订）》文件精神，在北京教科院基础教育教学研究中心的指导下，首都图书馆联合朝阳区教育研究中心、朝阳区劲松第四小学共同开发了首都图书馆校外实践活动课程。该书针对首都图书馆的特点，充分挖掘图书馆场馆资源，将其开发成为中小学生校外实践活动的独特课程，本课程不仅是首都图书馆社会教育成果的展示，也是为中小学校有效落实《北京市教育委员会关于印发北京市基础教育部分学科教学改进意见的通知》（京教基二[2014]22号）文件精神，为中小学各学科不低于10%的课时用于校外实践活动提供了课程资源，为国内其他场馆开发同类实践活动课程提供了参考和借鉴。

  首都图书馆实践活动课程在构建的过程中得到了北京市教育委员会、北京教科院基础教育教学研究中心领导、专家的大力支持和精心指导，本课程是场馆专家、学者与来自一线项目学校教师和学生跨界研究、探索、实践的成果，希望本课程能够帮助更多的学校、学生、家庭走进图书馆开展全民阅读活动，进一步在全社会形成"多读书、读好书"的良好舆论氛围和文明风尚，更好地提高全民族思想道德和文化素质，让北京这座古老而又充满活力的城市散发出浓浓的书香。

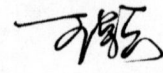

目 录

第一部分　基地资源基本概况 /1

第二部分　课程整体介绍 /5

第三部分　各主题课程详细介绍 /9

第四部分　课程相关附录 /73

后记 /171

第一部分 基地资源基本概况

一、基地资源特点

2001年5月1日,作为北京市标志性的四大文化建筑之一的首都图书馆新馆正式对外开放,服务效能得到质的提升。2004年,北京市少年儿童图书馆迁入,两馆的合并使首都图书馆的服务功能更加完备。2012年9月28日,首都图书馆新馆二期(B座)正式对外开放,遵循"大开放、大服务"的服务理念,成为全国开放度最高、融合度最好的公共图书馆。

首都图书馆作为"北京市中小学生社会大课堂"、北京市校外教育基地、"蓝天工程"资源单位,借助其自身优势,通过开展公益性读书活动来吸引中小学生的阅读兴趣,培养少年儿童良好的阅读习惯,诠释"在活动中学习,在参与中提高"的服务理念。长期开展适合中小学生生理、心理特点,满足少年需求,符合社会需要,寓教于乐、形式多样的公益性读书活动,发挥图书馆社会教育职能。现已在北京市中小学校中受到广泛好评。

为了更好地为本市中小学生服务,欢迎本市各中小学校组织在校学生到首都图书馆开展探究性学习活动，体验阅读、亲近阅读、爱上阅读、分享阅读，从而使广大中小学生感受到阅读的快乐，并通过阅读活动增长知识，开阔眼界，培养创新精神和实践能力，提高未成年人的综合素质，展现新时期青少年的精神风貌。活动依据学校特点，有针对性地策划相应的特色阅读课程，开辟首都图书馆别样课堂，以"书香暖童心，阅读促成长"，开展丰富有益的校外教育特色活动。

二、基地资源与学习内容的关系

书对于学生来说并不陌生，学生在读书，也在用书，读书可以增强学生的知识和开阔学生的视野。但是，一方面，有一大部分学生往往只限于读课本和老师规定的书，很少涉猎其他书籍；另一方面，有很大一部分学生习惯买书来看，不习惯到图书馆借阅图书。这样花钱又多，阅读的书籍又有限，对于哪些书该读、哪些书不该读也不能够进行分辨。

首都图书馆是北京市市属综合性大型公共图书馆，占地面积3.8万平方米，A座与B座以连廊相连结，总建筑面积9.4万平方米，具有2万人次的日接待能力。全馆实现无线网络全覆盖，设有20个阅览室（区），近4000个阅览座席，现藏各类文献逾650万册（件）。我们可以充分利用馆内的书刊资料引导小学生多读书、读好书，帮助他们认识到读书的重要性，从小培养他们自觉、自主看书的良好习惯。

三、基地资源与学生的关系

　　首都图书馆位于华威桥东南侧，地处南三环附近。我们曾对某学校四年级一个班 33 名学生做了一次调查，调查结果显示，43% 的学生曾经去过首都图书馆，但还有 57% 的学生没有去过图书馆，他们对图书馆资源了解甚少。而首都图书馆少年儿童图书馆一期改造后服务面积达 4000 平方米，依据儿童青少年读者年龄、生理和心理特点，设有四大区域，为小读者提供各类文献借阅和阅读指导，并可进行数字阅读和新媒体技术体验，定期举办丰富好玩儿的互动活动。教学中，学校可以利用首都图书馆这些资源，引导学生去图书馆进行阅读，汲取智慧，增长知识，感受读好书带来的快乐。

第二部分 课程整体介绍

一、课程总目标

1、充分利用首都图书馆馆内资源，丰富学生的课外知识，体验图书馆的秘密。

2、了解首都图书馆阅览室及功能区的分布和开闭馆时间。

3、知道借阅图书的方法和步骤。

4、知道图书馆内应遵守的文明礼仪，了解相关注意事项。

5、体验并尝试做一名图书管理员。

二、课程特点

首都图书馆根据儿童青少年读者的年龄、生理和心理特点，为小读者提供各类文献借阅和阅读指导，进行数字阅读和新媒体技术体验，定期举办丰富好玩儿的互动活动，学校可以利用首都图书馆的这些资源，引导学生去图书馆进行阅读，汲取智慧，增长知识，感受读好书带来的快乐。

首都图书馆场馆的特殊性要求每次活动人数不宜过多，与公共读书者交叉过程中要保持绝对安静，不能打扰读者。

三、课程架构

"1+1+1"实践课程说明

第一个"1"：一组固定课程

第二个"1"：一组自选课程

第三个"1"：一组拓展课程

注：固定课程即必选课程，自选课程即参加完固定课程后任选其一实践。固定课程和自选课程属于团体预约实践部分。拓展课程不包含于团体实践课程里，可以以个体或家庭为单位，选择周末参与。

固定课程《书海寻宝》《认知图书馆》
每次接待100人

+1

自选课程《我的书》《小小图书管理员》《书影共读》《探古寻今》《纸上蝴蝶》

+1

拓展课程《精彩故事汇》《趣味知识讲座》《文化活动》《家长教育》

第二部分 课程整体介绍

四、课程一览表

课程介绍

课程类型	任课教师	课程主题	课程介绍	学科	年级	课程方式
固定课程	馆内教师	书海寻宝	学生依学科查询相关资料并解答	各学科	1-6	参与体验
	联合授课	认知图书馆	讲解、视频、微课	各学科	1-6	参与体验
自主实践课程	联合授课	我的电子书	电子书制作	信息技术、综合实践、科学	4-6	动手实践
	馆内教师	小图书管理员	职业体验（实操培训）	各学科	5-6	参与体验
	联合授课	书影共读	讲座	各学科	1-4	参与体验
	联合授课	探古寻今发现之旅	寻"凸"形格局下的老北京城门	品社、综合实践、语文	2-6	参与体验
	联合授课	纸上蝴蝶	藏书票讲座、动手制作、展览	美术、品社、计算机	1-6	动手实践

课程类型	任课教师	课程主题	课程介绍	学科	年级	课程方式
拓展课程	馆内教师	精彩故事会	红红姐姐讲故事、阅读故事发现会、书影共读、书眼看世界等不同形式的故事会	各学科	1-6	参与互动
	馆内教师	趣味知识讲座	定期开设成长课堂、与名家面对面等知识讲座及沙龙	各学科	1-6	参与互动
	馆内教师	丰富文化活动	定期举办童心舞台、巧巧手美劳加工厂、今天由我讲故事等	各学科	1-6	参与互动
	馆内教师	亲子活动	为家长朋友定期举办家教知识讲座及沙龙	各学科	1-6	参与互动

第三部分　各主题课程详细介绍

主题课程一：《小图书管理员》

一、课程基本情况

1、课程时长：2课时

2、适合学段或年级：5-6年级

3、涉及学科：各学科

4、课程类型：体验课

5、适合的学生人数安排：5人

6、其他（主题解释）：图书馆有着丰富的馆藏资源及浓郁的人文环境，可以无形地陶冶未成年人的思想道德情操。"小图书管理员"活动利用这些便利的资源，本着"我参与、我奉献、我快乐"的精神，让体验者通过参加实践服务活动，从而走进图书馆，了解图书馆。

二、课程目标

本活动旨在通过讲解图书馆的相关知识、学会使用自助设备等内容，同时，体验者在实际操作过程中可以体会图书馆工作的辛劳，从而学会尊重他人的劳动成果，培养其为人服务的意识，发挥图书馆的社会教育职能。

1、三维目标分析

（1）知识与能力方面：了解公共图书馆阅览室服务的相关工作及知识。

（2）过程与方法方面：

通过讲解、实践，让体验者学会使用图书馆的相关自助设备。

通过为其他读者服务，提高体验者与人沟通的能力。

（3）情感、态度、价值观方面：提高青少年的公民意识，增强其社会责任感。

2、课程学习的重点、难点分析

（1）通过讲解和实践活动，让体验者学会使用图书馆的相关自助设备。

（2）通过为其他读者服务，提高体验者与人沟通的能力。

三、课程实施流程

（一）课前准备阶段

1、场地准备：首都图书馆 A 座二层少年儿童图书馆。

2、硬件准备：自助借还书机、自助检索机。

3、软件准备：图书馆宣传资料，"小图书管理员"实践活动细则，实践活动问卷。

（二）课上实施阶段

一、活动开始前，阅览室门口集合	教师： 1、介绍"小图书管理员"活动内容。 2、提出活动中注意事项： （1）在参与活动过程中请保持安静，有问题举手示意，说话声音放轻。 （2）服从带队老师的安排，不要离队。 3、发放宣传资料，并进行说明。
二、活动正式开始 （一）首图少儿图书馆概况介绍	工作人员： 介绍首图少儿图书馆馆舍位置、功能；可接待的读者群；主要实践区域。
	学生（体验者）： 对工作环境有一个大致的了解。

（二）按工作区域进行详细介绍
(1) 亲子借阅区

教师：
布置实践任务：此区域主要工作内容为整理图书。

工作人员：
1、介绍此区域的读者群为0-6岁的未成年人。
2、介绍此区域内的读物及其分类特点。
3、指导体验者学会色标分类及图书的码放方式。

学生（体验者）：
学习色标分类及图书的码放方式，准备整理图书。

第三部分 各主题课程详细介绍

(2) 自助借还区

教师：
布置实践任务：此区域主要工作为指导读者使用自助借还书机，并解答简单咨询。

工作人员：
演示自助借还书机的使用，并讲解相关注意事项；解答体验者提出的相关问题。

学生（体验者）：
练习实际操作；向工作人员提出操作中出现的相关问题。

(3) 期刊区

教师：
布置实践任务：此区域工作为整理杂志。

工作人员：
讲解杂志的排序方式及放置方法。

学生（体验者）：
学习杂志的排序方式及放置方法。

(4) 少儿中文书刊区

教师：
布置实践任务：此区域工作为帮助读者检索图书，整理书架。

工作人员：
1、讲解少儿中文书刊阅览室图书分类方式，介绍书架分布情况。
2、演示如何检索一本图书，并强调相关注意事项。
3、讲解什么是书标，什么是索书号，图书馆内的图书是如何排架的。
4、解答学生（体验者）提出的相关问题。

学生（体验者）：
1、根据工作人员提供的书名进行检索，并找出图书。
2、交换之前检索找到的图书，将其放入正确的书架位置。
3、向工作人员提出实践中遇到的相关问题。

第三部分　各主题课程详细介绍

三、进行实践活动

教师：
1、根据不同岗位，给体验者发放相应的"小图书管理员"实践活动细则，阅读重点为"常见问题"部分。
2、分区域安排体验者进行实践活动。

工作人员：
抽查体验者工作成果，并解答相关问题。

学生（体验者）：
分区域进行实践体验活动。

（三）课后拓展、总结、交流阶段

1、制定定期志愿服务计划书（详见导学单）。

2、填写实践活动问卷：向学生（体验者）发放活动问卷，以期巩固其当天所学知识。

3、首图印象，实践收获（400字左右）。

四、课程评价

1、评价内容：按工作区域，根据当天工作表现对体验者进行点评。

2、评价方法：评价表格。

3、评价主体：学生（体验者）。

各区域实践活动评价表（每人一份）

日期（年月日）					
时间（时或分）					
实践体验区域					
姓名	体验内容		工作（服务）态度	业务熟练程度	团队协作
		自评	☆☆☆☆☆	☆☆☆☆☆	☆☆☆☆☆
		组内互评	☆☆☆☆☆	☆☆☆☆☆	☆☆☆☆☆
		首图工作人员评价	☆☆☆☆☆	☆☆☆☆☆	☆☆☆☆☆
		读者评价	☆☆☆☆☆	☆☆☆☆☆	☆☆☆☆☆
		教师评价	☆☆☆☆☆	☆☆☆☆☆	☆☆☆☆☆

第三部分　各主题课程详细介绍

《小图书管理员》导学任务单

1、读一读"小图书管理员"实践活动细则，试着给自己制定一份"图书管理员细则"。

2、用少年儿童喜欢的方式设计"首都图书馆 A 座二层少年儿童图书馆"设施及图书分布平面示意图（提示：可用卡通图标标注哪儿？有什么？）

3、制定"小图书管理员"志愿服务计划书(可以用于班级图书管理员岗位)。

小图书管理员志愿服务计划书(每人一份)

日期(年月日)	
时间(时或分)	
姓名	
服务区域	
服务内容	
服务感言	

4、首图印象,实践收获(400字左右)。

第三部分 各主题课程详细介绍

主题课程二：《走进绘本，感悟成长》

一、课程基本情况

1、课程时长：1课时

2、适合学段或年级：1-6年级

3、涉及学科：语文

4、课程类型：阅读故事会 + 绘画

5、适合的学生人数安排：60人

6、其他：首都图书馆馆藏丰富，为学生提供了各种精彩的绘本故事。学生在大量的阅读中，不仅开阔了眼界、增长了知识，还提升了阅读能力。

二、课程目标

通过开展适合中小学生生理、心理特点，满足少年需求，符合社会需要，寓教于乐、形式多样的公益性读书活动，吸引中小学生的阅读兴趣，培养少年儿童良好的阅读习惯，为在京少年儿童推出一项持续性阅读活动。

1、三维目标分析

（1）知识与能力方面：提高学生阅读绘本的观察力。

（2）过程与方法方面：增强学生的表达力。

(3) 情感、态度、价值观方面：感受故事中的狮子与图书馆中的人们之间真挚的情感。

2、课程学习的重点、难点分析

重点：理解绘本中的原文含义。

难点：掌握绘本故事的重要性。

三、课程实施流程

1、课前准备阶段

(1) 教师需要进行的准备

场地准备：首都图书馆 A 座三层青少年多媒体中心童心舞台。

硬件准备：电脑 1 台、投影仪 1 台、音响 1 套、无线麦克 2 只。

软件准备：活动对应的图书、活动所用 PPT 课件。

(2) 学生需要进行的准备：绘画工具。

2、课上实施阶段

第一部分：老师开场白，引出故事。

第二部分：讲述绘本故事。

第三部分：学生谈对主人公的体会。

第四部分：通过这个故事学生懂得了什么呢？

第五部分：绘出"我心中的图书馆"。

3、课后拓展、总结、交流阶段

拓展练习，让学生对图书馆形象进行创作，让他们大胆想象、自由创造，提高学生主动学习的能力，拓展学生的思维，体现学生的主体性，张扬学生的个性。

四、课程评价

1、评价内容

(1) 听完故事后，学生对图书馆狮子进行评价。

(2) 通过这个故事，学生有什么感受。

(3) 绘出"我心中的图书馆"。

2、评价方法（口头交流和绘画交流方式）

3、评价主体（老师和学生）

《走进绘本　感悟成长》导学任务单

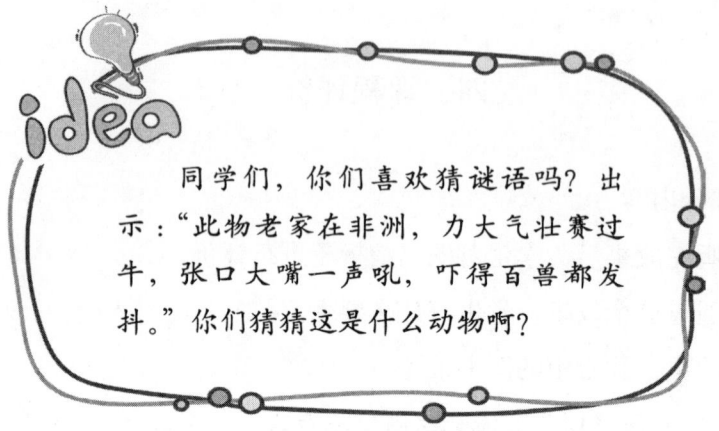

同学们，你们喜欢猜谜语吗？出示："此物老家在非洲，力大气壮赛过牛，张口大嘴一声吼，吓得百兽都发抖。"你们猜猜这是什么动物啊？

再猜猜这是什么地方？"一个能让你增长知识的书的王国"。

讲述绘本故事，谈一谈你感受到了什么？

今天我给大家介绍的这本《图书馆狮子》就是从首都图书馆里借阅的。这是一只特别的狮子。为什么它很特别呢？

同学们，你们知道狮子生活在哪吗？（森林、动物园）是呀！但是这只狮子却在图书馆里活动，真够特别的，那人们在图书馆里看见它会不会害怕呢？他们之间发生了什么故事呢？我们一起来看看吧。

同学们，我介绍给你们的朋友，你们喜欢吗？为什么？

这个故事让你懂得了什么呢？

"图书馆是一个充满无限可能的神奇地方,它的大门始终敞开,欢迎所有的人光临。"

本书作者米歇尔·努森画出了她心中的图书馆的模样。她好想与更多的孩子分享,分享对书的热爱,分享图书馆人与读者、读者与读者之间的感情,分享图书馆里迷人的书香、诱人的故事和暖人的氛围。

你心中的图书馆是什么样的呢?

像天空那么宁静?

像高山那么神秘?

还是像大海一样广阔?

拿起你们手中的画笔,一起画出你们心中图书馆的模样。

超级链接:

首都图书馆是北京市市属综合性大型公共图书馆,占地面积3.8万平方米,A座与B座以连廊相连结,总建筑面积9.4万平方米,具有2万人次的日接待能力。全馆实现无线网络全覆盖,设有20个阅览室(区),近4000个阅览座席,首都图书馆现藏各类文献逾650万册(件)。

你还想了解更多吗?请链接到 http://www.clcn.net.cn/

第三部分 各主题课程详细介绍

主题课程三：《书香首图，书影共读》

一、课程基本情况

本课程旨在发挥图书馆的社会教育职能。活动根据不同年龄层和学校特色设计书影主题，让孩子们从阅读故事开始走进阅读世界；通过观赏生动形象的主题影片，让小朋友共同分享了诸多经典故事。小朋友在新奇而有趣的体验中度过轻松的阅读时间，让孩子们在轻松愉悦的阅读和观影氛围中有所收获！

活动类型：阅读故事会 + 童心影视窗

活动对象：1-6年级

活动人数：60人

活动时间：1课时

活动对应学科：各学科

二、课程目标

1、活动目标

通过开展适合中小学生生理、心理特点，满足少年儿童的趣味需求，符合社会需要，寓教于乐、形式多样的公益性读书活动，启发中小学生的阅读兴趣，培养少年儿童良好的阅读习惯。

2、三维目标分析

(1) 知识与能力方面

学生通过阅读图书馆内的相关书籍能够体会到书中所表达的思想感情，能够对书中的主人公有一个比较全面正确的评价。

(2) 过程与方法方面

学生通过读书会的形式能够积极地表达自己的观点，同时通过拓展阅读和观看影片，来进一步丰富自己对书中主人公的认识和理解。

(3) 情感、态度、价值观方面

学生通过本次读书活动可以增强学生的读书兴趣，以及培养学生良好的读书习惯。

通过读书活动，丰富学生的课外阅读量，提高学生课外阅读的能力，大力促进学生知识的更新、思维的活跃、综合素质的提高。

3、课程学习的重点、难点分析

重点：学生通过本次读书活动可以增强学生的读书兴趣，以及培养学生良好的读书习惯。

难点：学生通过读书会的形式能够积极地表达自己的观点，同时通过拓展阅读和影片的观看，进一步丰富自己对书中的主人公的认识和理解。

第三部分 各主题课程详细介绍

三、课程实施流程

1、课前准备阶段

场地准备：首都图书馆 A 座三层青少年多媒体中心童心舞台。

硬件准备：电脑 1 台、投影仪 1 台、音响 1 套、无线麦克 2 只。

软件准备：活动对应图书、活动对应影片、活动课件 PPT。

2、课上实施阶段

爱书的孩子们和图书馆工作人员共读一本书，共赏一部影视作品，共度轻松的阅读时光。

书籍名称：《小黑鱼》

适合年龄：4-10 岁。

内容介绍：在大海的一个角落里，住着一群小鱼，大家都是红色的，只有一条是黑色的。有一天，一只凶猛的金枪鱼吃掉了所有的小红鱼，只有小黑鱼逃走了。小黑鱼孤身在海里游荡，遇到了很多稀奇古怪的生命，他又感到高兴起来。当他遇到一群躲在礁石后的小红鱼时，为了帮助他们获

得生存，不再总是躲避在礁石后面，他想了个好办法。小黑鱼教小红鱼们游成大鱼的样子，由自己来当眼睛！就这样，他们在清凉的早晨

游,在明媚的中午游,把大鱼都吓跑了。

活动延伸及备品:小黑鱼绘本剧、小黑鱼头饰1个、金枪鱼头饰1个、大鱼头饰2个、小红鱼头饰若干、水草、小石头画板。

启示:勇气、智慧、团队合作。

书籍名称:《玛德琳的狗狗救星》

适合年龄:4-10岁。

内容介绍:巴黎有座老房子,青藤爬满墙,里面住着十二个小姑娘。每天早晨九点半,不管下雨还是天晴,她们排成两行走出门,个头最小的那个,名叫玛德琳……

别看玛德琳小小的,精力却特别旺盛,有时候还会因为好奇、好动而闯祸,不过她的勇敢、善良和乐观一点也不少。你瞧,有一次她贪玩掉进了河里,幸好有只勇敢的狗救了她的命。狗狗成了她心爱的宠物,这下子弄得老师很为难,因为十二个小女孩都想要这只狗。没有那么多狗,这可怎么办……

活动延伸及备品:影视欣赏。

延伸阅读:《玛德琳》。

启示:善良、勇敢、乐观。

第三部分 各主题课程详细介绍

书籍名称：《鱼就是鱼》

适合年龄：4-10岁。

内容介绍：池塘里有一条小鱼和一只蝌蚪，他们形影不离。慢慢的，蝌蚪变成了青蛙，并且离开池塘看到了外面的世界。他跟鱼讲述了自己新奇的见闻，鱼也开始憧憬起外面的世界。有一天，他终于鼓足勇气，爬上了岸……

延伸阅读：《佩泽提诺》。

延伸活动：橡皮泥的色彩组合。

备品：各种颜色橡皮泥若干，白色纸盘，保证每个孩子一人一个。

启示：做最好的自己、寻找自己。

书籍名称：《这是我的！》

适合年龄：4—10岁。

内容介绍：彩虹池塘中央的小岛上，住着三只自私的青蛙，他们一天到晚不停地争吵，生怕对方占了便宜。有一天，暴雨来袭，小岛即将被吞没，他们挤在一起，共同面对困难。洪水

退去之后，青蛙们不再吵闹，而是一起玩耍，一起分享快乐……

延伸阅读："小兔波力品格养成系列"《我们和好吧》。

启示：从"我的"到"我们的"、团结、合作、友爱。

书籍名称：《田鼠阿佛》

适合年龄：4-10岁

内容介绍：就在小田鼠们忙着为过冬采集食物的时候，阿佛却独自坐在一旁，并且告诉大家他也在工作，只不过在采集另外一些东西。冬天漫长而寒冷，慢慢的，食物被大家吃光了，这时，阿佛拿出了他"采集"的那些东西……

延伸阅读：《玛修的梦》。

延伸活动：手工拼贴。

备品：各种颜色的纸、A4大小浅色卡纸、胶棒若干。

启示：精神食粮、诗意生活、做最好的自己。

书籍名称：《阴天有时下肉丸》

适合年龄：6岁以上。

内容介绍：吧唧吧唧小镇和别的小镇一样，有街道、有花园、有学校。不同的是，这里没有卖食物的商店。尽管如此，小镇居民的生活中却不乏美味。因为这儿下雨的时候不下雨珠，下雪的时候不下雪花，刮来的也不只是单纯的风——从天而降的是各种美味的食物。可是有一天，天气变糟了。面对着堆满街道的肉丸、汉堡和番茄，人们开始害怕起来……

活动延伸及备品：建议上午安排读书会（大约1小时），下午安排影视欣赏（影片90分钟左右）。

启示：欲望、满足、环境、责任、获得与失去。

书籍名称：《狐狸与我》

适合年龄：6岁以上。

内容介绍：这是一个如《小王子》般迷人的故事。一个秋天的早上，小女孩在森林里邂逅了一只美丽的狐狸，从此念念不忘。从秋天到冬天，又到了来年夏天，她寻找、跟踪、引诱狐狸。最后，执著的女孩终于和狐

狸展开了一段奇妙的友谊。故事以独白的方式娓娓讲来，细腻而详尽地描述了女孩与狐狸交往的心路历程：兴奋、失望、焦急、恐惧、欣慰……朴实地道出了人世间最复杂的情感——爱的真谛。

活动延伸及备品：建议上午安排读书会（大约 1 小时），下午安排影视欣赏（影片 90 分钟左右）。

启示：善良、友情、尊重、爱的内涵。

书籍名称：《勇敢者的游戏》

适合年龄：8 岁以上。

内容介绍：朱迪和彼得在公园里的大树下发现了一副棋，棋盒上写着"侏曼纪·丛林冒险游戏"。这副棋看起来普普通通，可是当彼得的棋子落在"狮子进攻"那一格时，竟然出现了一头真正的大狮子！这到底是怎么回事？随着游戏的进行，蟒蛇、犀牛等可怕的丛林野兽接连出现。而且，如同游戏说明中所说，"游戏一旦开始就不能中止"，朱迪和彼得能否勇敢地把游戏进行到底呢？

活动延伸及备品：建议上午安排读书会（大约 1 小时），下午安排影视欣赏（影片 90 分钟左右）。

启示：勇气、智慧、挑战、冒险、坚持。

书籍名称：《战马》

适合年龄：8 岁以上。

内容介绍：《战马》是英国桂冠作家莫波格自己最满意的作品之一，

第三部分　各主题课程详细介绍

它以"一战"为题材，讲述了一个人与动物之间关于勇气、忠诚、和平与爱的非凡故事。前额上有着白色十字花纹的乔伊原本是一匹在乡间干活的小马，但是命运却安排他走上了战场。故事通过乔伊的视角，全方位地展示了战争的残忍与人性的美好。该书初版于1982年，曾获得当年的惠特布莱德奖亚军，之后多次被改编为舞台剧和广播剧，风靡英国。

延伸阅读：《苏和的白马》。

活动延伸及备品：建议上午安排读书会（大约1小时），下午安排影视欣赏（影片90分钟左右）。

启示：人性、勇气、美好、友谊。

书籍名称：《极地特快》

适合年龄：8岁以上

内容介绍：世界上到底有没有圣诞老人？我相信有。许多年前的一个平安夜，"极地特快"停在了我家的门口，把我带上了去往北极的旅途。在那儿，我见到了圣诞老人，还收到了他送出的第一份圣诞

礼物——雪橇上的银铃……在这个故事中，作者用充满温情的语调叙述了一个关于"相信"的故事：相信美好，相信奇迹……相信会产生力量，让孩子的心灵饱满充实。

活动延伸及备品：建议上午安排读书会，下午安排影视欣赏（影片 90 分钟左右）。

启示：相信、信任、美好、温暖、爱。

第三部分　各主题课程详细介绍

《书香首图 书影共读》导学任务单

"书影共读"活动以立体式的创新阅读方法打破了传统的平面式阅读模式，有效地启发着小读者们，使他们产生团结友爱、奉献爱心等方面的意识与行为，也调动了孩子们的阅读积极性，为他们打开了一扇兴趣之门。活动将世界经典儿童图书与其电影作品相结合，旨在配合在小学教育阶段中开展的德育、阅读教育等方面的教学内容。

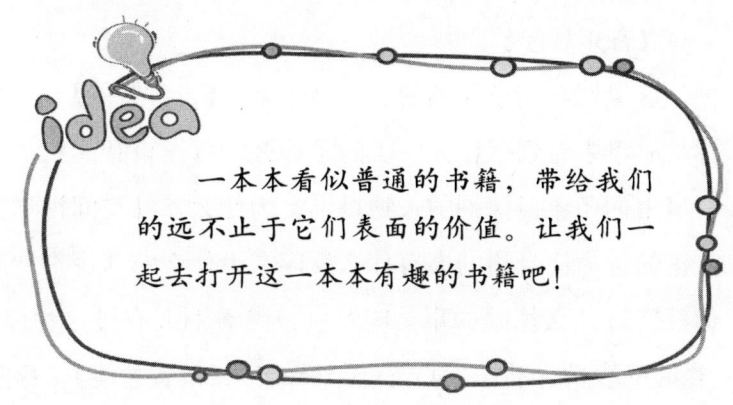

一本本看似普通的书籍，带给我们的远不止于它们表面的价值。让我们一起去打开这一本本有趣的书籍吧！

读完了上面的故事，三只小青蛙经历了怎样的事情呢？他们又是如何变化的呢？请你写一写吧。

学生出相应的学习单，以及感受的评价单。

活动过程：

以《勇敢者的游戏》为例：

暖身活动：1、分组进行　　2、团体分享（5分钟）

读书活动：小组内选择一本书进行共同阅读，并合作完成导学单。（30分钟）或者"绘本"导读（配合故事简报进行）。

分享讨论：（20分钟）

1、试着用你喜爱的方法表现艾伦的心情（例如：画线条、用色彩、写下来……）【音乐智能】

2、把你这星期与同学互动的心情画下来。【自省智能】

3、你从故事中看到了什么？听到了什么？【语言智能】

4、故事中你印象最深刻的人物是谁？为什么？【空间视觉智能】

5、艾伦的行为让身边的人有什么反应？为什么？【逻辑智能】

6、你经历过什么惊险的事情吗？（或者看别人有过这种惊险的经历吗？）当时的表情、动作、心情是怎样的？【自省智能】【身体动能】

7、你曾经因为经历比较紧急或惊险的事情而破坏了与同学间的情谊吗？说一说当时的情形。【人际智能】

8、如果有的话，现在你会用怎样的方式去向那位同学表达你的感受呢。【身体动能】

经过今天的分享之后，你想进一步增进自己哪方面的能力？【博物智能】

回馈活动：今天的收获（5分钟）

第三部分 各主题课程详细介绍

读完了上面的故事,你有什么感受吗?把他们写出来吧!

主题课程四：《制作电子书》

一、课程基本情况

1、课程时长：2课时

2、适合学段或年级：4-6年级

3、涉及学科：信息技术、综合实践、科学

4、课程类型：动手实践

5、适合的学生人数安排：8人

6、其他：材料准备

二、课程目标

随着科学技术的发展，又出现了一种新形式的杂志——电子杂志。电子杂志不仅图文并茂，还可以融入声音、视频、动画等多媒体形式，可以让我们在阅读的过程中获取更为丰富的信息。《信息技术》第三册第二单元的学习内容是制作电子杂志，制作电子杂志也是同学们在学习信息技术时需要掌握的本领之一。在制作前要规划好电子杂志的内容，还要收集整理相关的素材。首都图书馆给同学们提供了丰富的阅读资源，学生们在这里就可以设计规划自己的电子杂志，搜集制作素材，在电子书工坊制作电子杂志，还可以与读友们一起交流分享，体验学习的乐趣，激发学生的兴趣。

第三部分 各主题课程详细介绍

1、三维目标分析

（1）知识与能力方面

了解电子杂志的特点，能独立完成电子杂志作品的制作与发布。

（2）过程与方法方面

学生能够使用首图的网络资源，学会搜索与收集网上的信息，制作电子杂志。

（3）情感、态度、价值观方面

在首都图书馆的社会实践活动中，感受科技给人们的学习、生活带来的巨大变化。

2、课程学习的重点、难点分析

重点：（1）能够合理的规划电子杂志，掌握电子杂志编辑软件的使用方法。（2）掌握生成和发布电子杂志的操作过程。

难点：（1）能够根据电子杂志的规划要求，迅捷、完整地组织相关的素材。（2）能够合理利用素材资源，完整地制作、修改、完善、生成和发布电子杂志作品。

三、课程实施流程

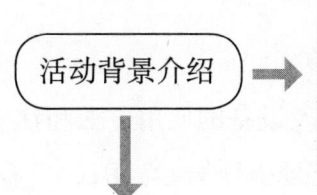 首都图书馆给同学们提供了丰富的阅读资源，今天我就带着孩子们来到了首都图书馆的多媒体空间，这里既有孩子们喜欢的各类少儿读物，又有多媒体设备，孩子们在这里可以亲身体验制作电子杂志的乐趣。

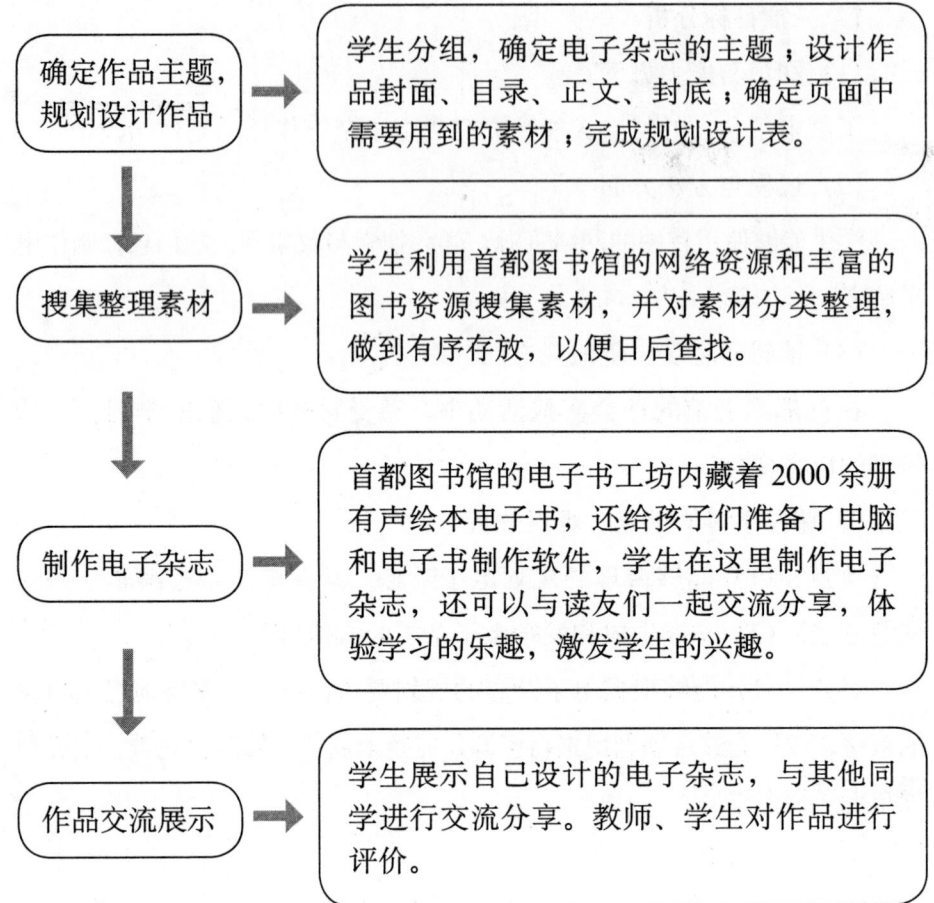

1、课前准备阶段

（1）教师需要进行的准备

提前到首都图书馆参观，熟悉图书馆网络及设备的使用方法和注意事项。与场馆人员进行协调、沟通，便于更好地引导学生学习。

(2) 学生需要进行的准备

爱护首图的电脑设备，做文明小读者。

要准备好U盘、笔、本等物品，用于记录和保存素材资源等。

制定电子杂志的设计方案和规划。

2、课上实施阶段

(1) 活动背景介绍

同学们在很小的时候就已经开始接触到各种杂志了，如《幼儿画报》《少年科学画报》等。这些内容丰富、形式多样、插图精致的杂志吸引了无数小朋友的眼睛。

如今，随着科学技术的发展，又出现了一种新形式的文献载体——电子杂志。电子杂志不仅图文并茂，还可以融入声音、视频、动画等多媒体形式，可以让我们在阅读的过程中获取更为丰富的信息。

制作电子杂志也是同学们在学习信息技术时需要掌握的本领之一。在制作前要规划好电子杂志的内容，还要收集整理相关的素材。首都图书馆给同学们提供了丰富的阅读资源，今天我就带着孩子们来到了首都图书馆的多媒体空间，这里既有孩子们喜欢的各类少儿读物，又有多媒体设备，孩子们在这里亲身体验了制作电子杂志的乐趣。

(2) 动手体验，制作电子杂志

学生在首都图书馆多媒体空间查找资料和素材，在电子书工坊利用首图的电脑和软件资源制作电子杂志。

（3）作品展示交流

案例一：介绍首都图书馆青少年多媒体空间。

大家好，我是来自北京市朝阳区劲松第四小学的马雨桐，我的电子书是关于首都图书馆多媒体空间的一份介绍。因为我觉得这里太好了，我们可以上网进行数字阅读，看电影、听音乐，还可以自己动手创意设计、制作电子书。还有大量书籍可供阅读。我在书海里畅游，增长了许多见闻，结识了众多书友，我非常想把这里介绍给更多的同学，让大家多来图书馆阅读，让阅读成为我们的一种习惯。

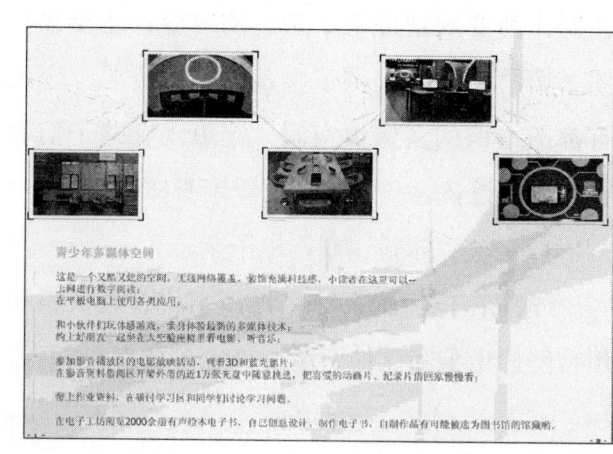

第三部分　各主题课程详细介绍

案例二：寒假出行计划。

大家好，我是来自北京市朝阳区劲松第四小学的刘梓轩，我的电子书是在刚刚看了有关旅游的书籍后，制订的一份寒假出行计划。我希望首都图书馆能帮我把我的第一份自制寒假出行计划收藏起来，有可能的话，我要记录下我的每一次出行，这也是我的成长足迹呀。大家看我这出行计划还完善、可行吗？希望伙伴们多提宝贵意见，我希望我能度过一个愉快而有意义的假期。出行回来，我再做一份电子书，与伙伴们分享旅行乐事啊！

案例三：摘抄精彩片断。

大家好，我是来自北京市朝阳区劲松第四小学的高嘉煜，我的电子书是我写的读后感。在这里阅读后，只要有了想法、有了灵感就可以马上记录下来，真是方便、及时、高效，关键是还可以上网，这样

分享交流的范围扩大了很多,大家一起畅聊各自对作品的感受,真是痛快极了!

3、课后拓展、总结、交流阶段

今天我们走进首都图书馆多媒体空间的电子书工坊,学会了制作精美的电子杂志,今后同学们就可以把自己的文章、书法、绘画、摄影作品,制作成电子杂志,上传到网上与大家一起分享。好的作品还会被图书馆收藏。在首图的多媒体空间里,除了电子书工坊,还可以上网进行数字阅读;和小伙伴们玩体感游戏;看电影、听音乐。

希望大家能够多利用首图的学习资源,丰富自己的学习生活。

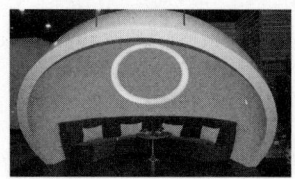
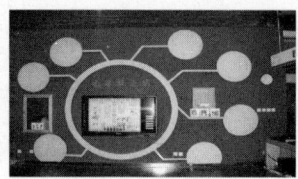

第三部分 各主题课程详细介绍

四、课程评价

1、评价内容

主要从学生学习过程中呈现出的成果、学生在课上的学习表现进行评价。

2、评价方法

学生依据作品评价表进行评价

项目	等级
主题健康向上	☆☆☆☆☆
内容充实	☆☆☆☆☆
页面美观，布局合理	☆☆☆☆☆

3、评价主体

教师根据学生在实践过程中进行随时点评，在作品展示过程中采用师评、自评、组评的多种形式进行评价。

《制作电子书》导学任务单

制作电子书并不难。在制作之前，应该先要对自己的作品有一个设计和规划，这就像是在写作文之前先要拟定一个提纲。做好了准备工作，我们才能更顺利、高效地完成电子杂志的制作。

1、作品规划设计

作品主题	
小组分工	

作品内容规划表			
页码	内容	素材准备	备注

2、收集整理素材，建立项目文件夹

规划好电子杂志的内容以后，就可以收集整理相关的素材了。我们可以通过网络下载、仪器扫描、相机拍照等多种途径来收集素材，并将这些素材归类整理到项目文件夹中，做到有序存放，以便日后查找。

主题课程五：《寻"凸"形格局下的老北京城门》

一、课程基本情况

1、课程时长：40分钟

2、适合学段或年级：2-6年级

3、涉及学科：语文、综合实践、品德与社会

4、课程类型：体验课

5、适合的学生人数安排：20人

二、课程目标

1、三维目标分析

（1）知识与能力方面：知道北京建都已有800多年的历史，逐渐形成了"内九外七皇城四"的"凸"形城市建筑形制和格局，能举例说出5-6个北京的城门。

（2）过程与方法方面：通过听讲解、互动、动手实践、游戏等形式，了解老北京城门的前世今生，还原一个"凸"形形制的北京城。

（3）情感、态度、价值观方面：通过对老北京城门历史的了解，增强对北京历史的兴趣，产生热爱这片历史悠久的土地之情，提升保护文物的意识。

2、课程学习的重点、难点分析

学习重点：知道北京"内九外七皇城四"的"凸"形城市建筑形制和格局，能举例说出 5-6 个北京的城门。

学习难点：通过对北京历史的了解，增强学习北京历史的兴趣，提升对文物的保护意识。

三、课程实施流程

课前准备阶段

（1）教师需要进行的准备

资料准备：活动相关 PPT 的制作。

材料准备：打印北京市区局部地图、签字笔。

（2）学生需要进行的准备

搜集北京城形成的有关历史资料，包括对北京城门的文字介绍、图片或小故事。

课上实施阶段

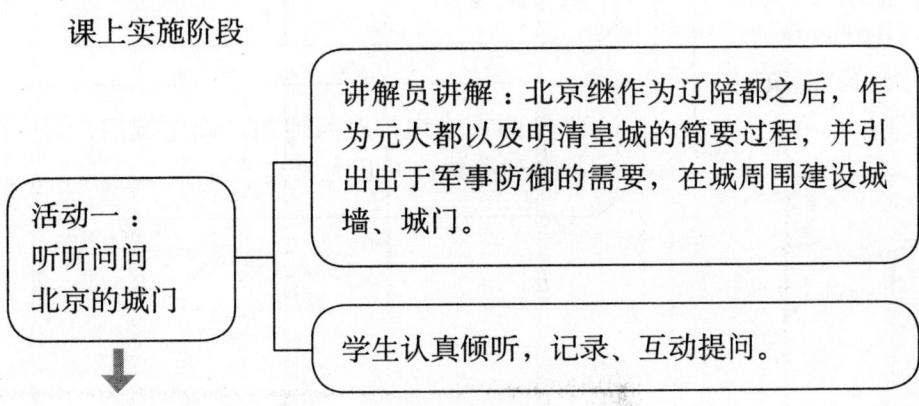

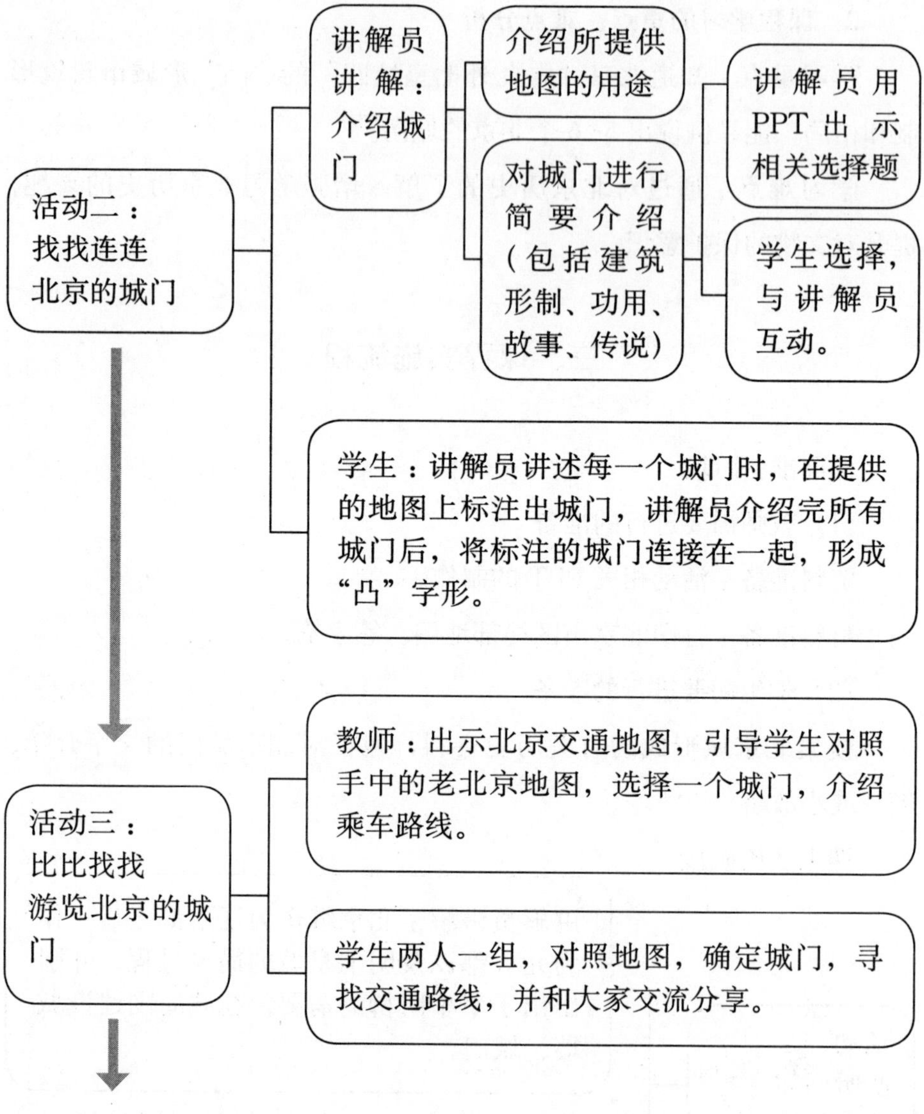

活动二：找找连连北京的城门

- 讲解员讲解：介绍城门
  - 介绍所提供地图的用途
  - 对城门进行简要介绍（包括建筑形制、功用、故事、传说）
  - 讲解员用PPT出示相关选择题
  - 学生选择，与讲解员互动。
- 学生：讲解员讲述每一个城门时，在提供的地图上标注出城门，讲解员介绍完所有城门后，将标注的城门连接在一起，形成"凸"字形。

活动三：比比找找游览北京的城门

- 教师：出示北京交通地图，引导学生对照手中的老北京地图，选择一个城门，介绍乘车路线。
- 学生两人一组，对照地图，确定城门，寻找交通路线，并和大家交流分享。

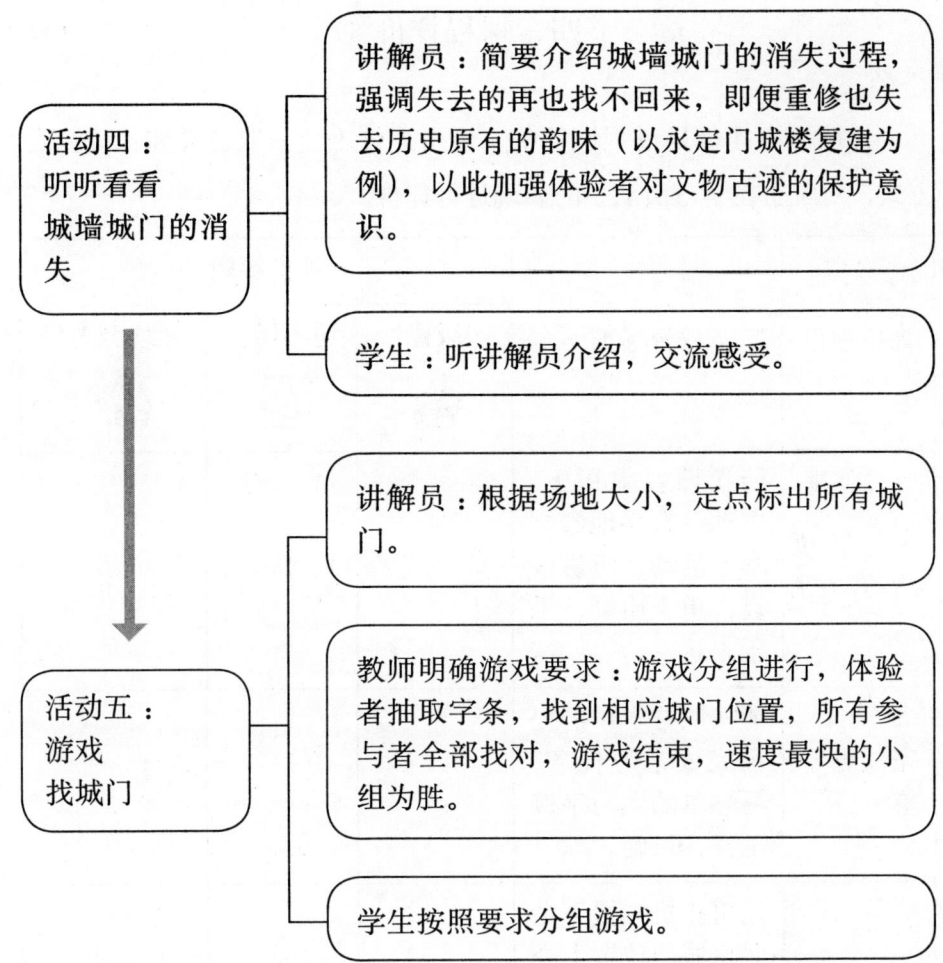

3、课后拓展、总结、交流阶段

完成导学单上的内容,用相机记录下老北京城门位置上今天的面貌,办一次名为"北京的城门"摄影展。

四、课程评价

说明：本评价是过程性评价，运用评价表，采取自评和他评两种方式，对学生在学习活动中的表现进行评价。

评价项目	评价标准	评价等级		
		一级棒！	还不错！	继续努力！
参与学习活动	能按照要求积极、主动、有序地参与学习活动，听讲认真，勇于质疑，乐于表达。			
完成导学单	能按照导学单的提示完成学习任务，导学单的填写字迹工整，正确。			
"北京城门"摄影展	能用相机拍摄下老北京城门位置上今天的面貌，画面清晰，漂亮。用自己喜欢的方式与大家分享交流，声音洪亮，表达清晰，有结论。			

《寻"凸"形格局下的老北京城门》导学任务单

北京的城门与城墙是北京城的标志和象征，它见证了北京历史的发展与变迁，印证了北京古建筑的繁荣和辉煌，更道出了北京历史发展沿革的曲折与沧桑。你知道北京是如何成为国都的吗？老北京城有多少个城门？"内九外七皇城四"又是什么意思？让我们一起走进首都图书馆，去寻找答案吧！

活动 1

根据讲解员的讲解，在地图上找到所介绍的城门，在地图上标注出来，数数老北京一共有多少个城门？将这些城门连起来，看看像哪个汉字？

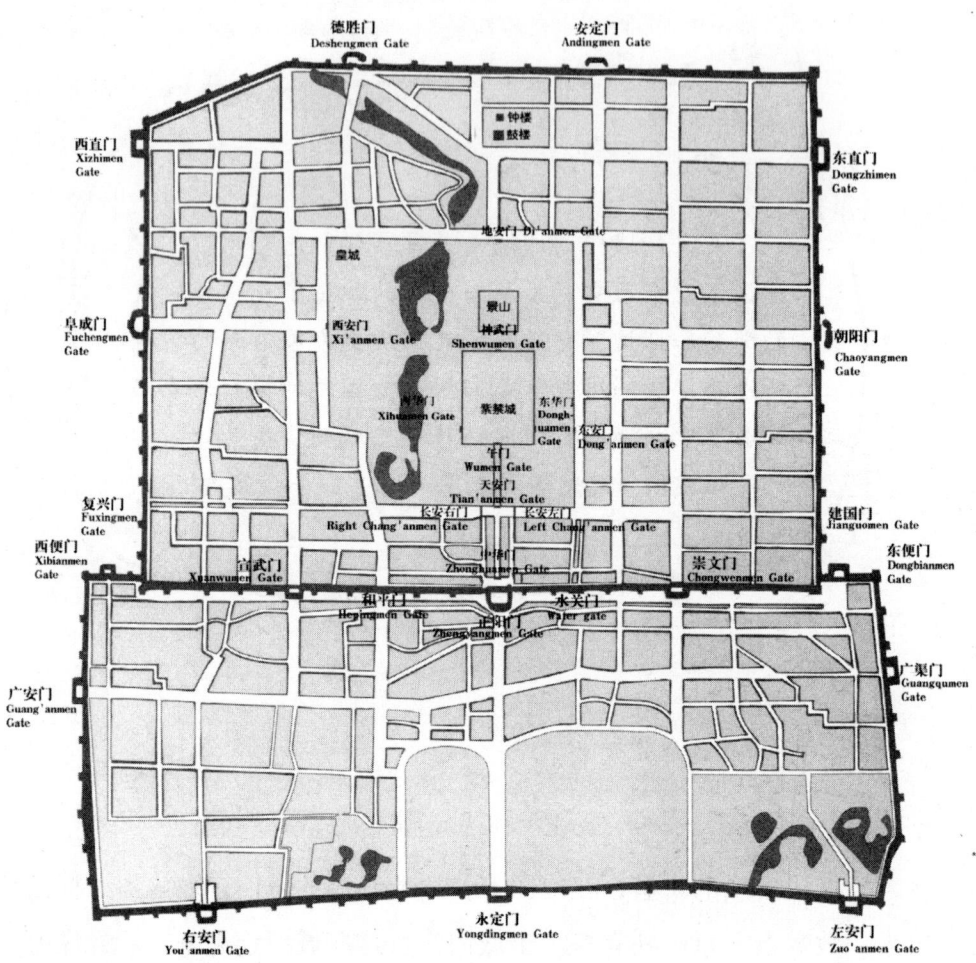

北京城有"内九外七皇城四"的说法。内城九门比较重要,也各自有各自的用途。用老北京的话儿来说,叫做"九门走九车"。请你试着将用途和相应的城门连起来。

运送酒的通道。

皇帝出入之门,平民不能走。

军队得胜班师回朝进入的门。

军队出征时走的门。

 **活动 3**　听了讲解员关于北京城墙城门的消失过程的介绍，你想说点什么吗？快把你的想法写下来吧！

 **活动 4**　让我们拿起相机记录下老北京城门位置上今天的面貌，一起来办个"北京的城门"风景摄影展吧。

主题课程六：《"纸上蝴蝶"藏书票》

一、课程基本情况

1、课程时长：2个课时

2、适合学段或年级：2-9年级

3、涉及学科：美术、品德与社会、计算机

4、课程类型：动手实践

5、适合的学生人数安排：15人

6、其他：美育教育是培养学生健康的审美观，发展学生鉴赏美和创造美的能力的教育。美育要通过各种艺术以及自然界和社会生活中美好的事物来进行。在人的全面发展教育中，美育占有重要地位。本活动不仅打破只是让学生单纯听讲座的形式，而是引领学生直接参与到亲自制作的过程中来。在制作的过程中激发灵感。藏书票制作可以说是阅读与实践的有机结合，藏书票的设计不仅与读书、爱书、藏书相关，还能使学生创造性地进行美术构思，表达传递自己的思想和情感，并用纸版印刷的技术，制作一枚属于自己的藏书票。

二、课程目标

1、三维目标分析

(1) 知识与能力方面：了解藏书票的相关知识和藏书票的制作方法，并制作一枚藏书票。提高动手能力、鉴赏美的能力。

(2) 过程与方法方面：通过讲解法和演示法，学习藏书票的制作方法。

(3) 情感、态度、价值观方面：培养热爱艺术的情感，激发和促进读书的热情，提高审美情趣和艺术修养。

2、课程学习的重点、难点分析

重点：制作一枚自己的藏书票。

难点：藏书票的制作方法。

三、课程实施流程

1、课前准备阶段

(1) 教师需要进行的准备：PPT课件、铅笔、橡皮、雕版用三角刀1把、双色板1块、版画油墨1瓶、油墨滚子2个、松节油1瓶。

(2) 学生需要进行的准备：铅笔、橡皮、雕版用三角刀15把、双色板15块。

第三部分 各主题课程详细介绍

2、课上实施阶段

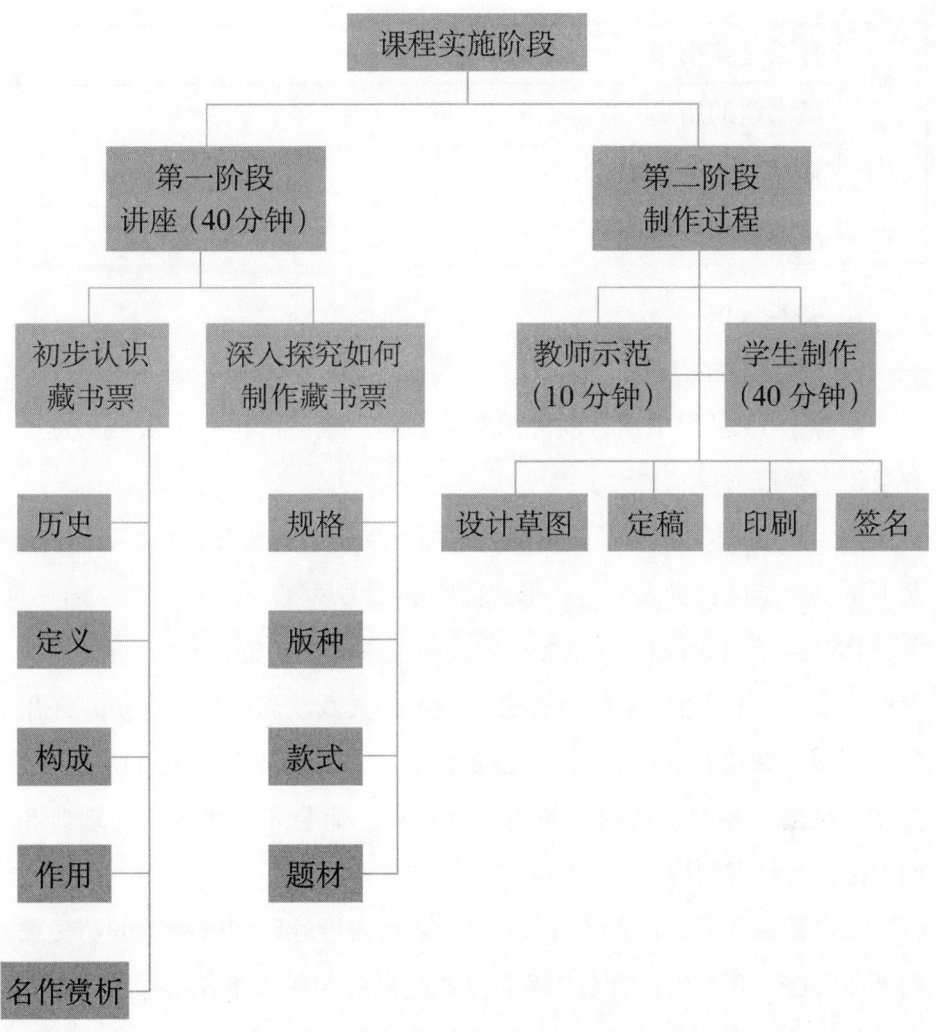

阶段一：讲座《读书与藏书的情结——藏书票艺术》

初步认识阶段导学单：

初步认识	什么是藏书票	
	藏书票的历史	
	藏书票的构成	
	藏书票的作用	

1、初步认识

（1）藏书票的历史

起源于15世纪中期，欧洲出版业兴起，藏书机构和个人藏书逐渐普及，书票市场得到扩大。

18、19世纪，藏书票在英国、法国、瑞士、西班牙等地盛行开来。藏书票主要是达官贵人使用，形成高雅的藏书风气。

1891年2月10日，一批热心收集藏书票的人在伦敦开会，成立"藏书票协会"；到了年底，协会有三百多名英美及欧洲各地的会员，还出版了《藏书票协会杂志》。随后欧洲国家，如比利时、奥地利、英国、捷克、丹麦、芬兰、法国、荷兰、意大利、葡萄牙、西班牙、瑞典和瑞士都设有藏书票协会。

藏书票传入我国大约在19世纪，艺术家设计印制藏书票的历史发端于20世纪30年代。著名作家郁达夫、叶灵凤等人都使用过藏书票。

1935年鲁迅先生倡导中国新兴版画时期，青年木刻家李桦、赖少期、刘兴宪、刘仑、唐英伟、陈仲纲等都曾创作和使用藏书票。

第三部分　各主题课程详细介绍

1966年7月28日,欧洲各国书票协会的代表成立了一个国际机构"业余书票协会国际联合会"(Fedemtion Internationale des Societes d'Amateuis d'Exlibris),每两年组织一次国际会议。直到现在,FISAE已发展到包括中国在内的近30个国家书票协会成员。

(2) 什么是藏书票?

藏书票是指读书人在自己所藏书籍的扉页上贴的一幅装饰小画,作为书籍收藏者的印记,它是由图像和文字(票主名、拉丁文EXLIBRIS)两部分构成。

(3) 藏书票的构成

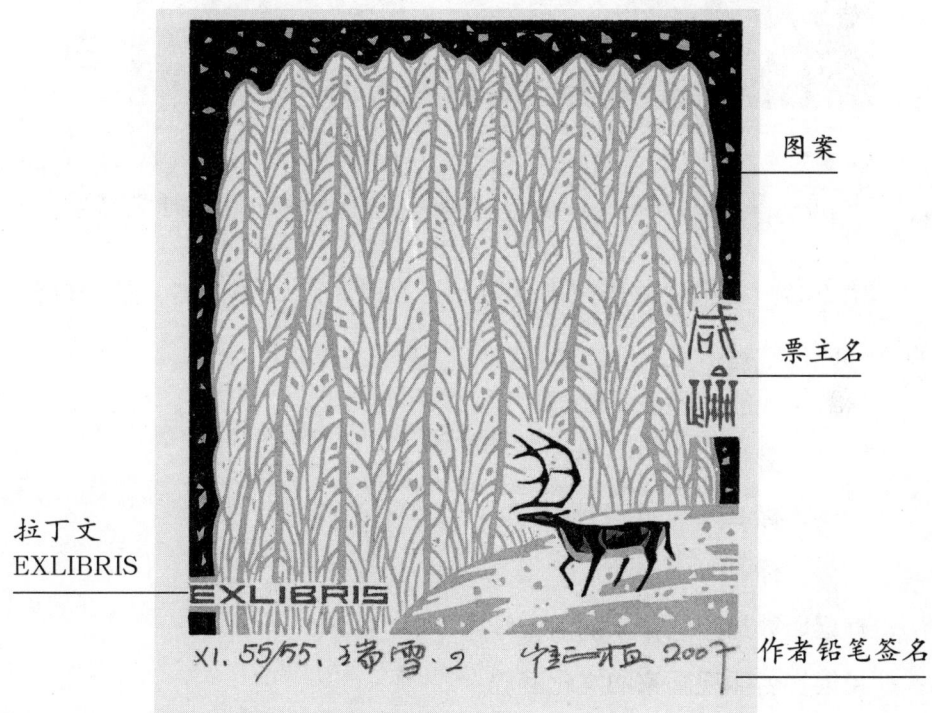

票主名：是指使用书票的主人，可以是人名、书斋名、某一机构名等。

印数：一般不超过 100 幅标 1-100

　　　　另外加印 10-20 幅

　　　　标 A.P（自藏）

　　　　标 E.A（参展）

标记印数是体现作家的信誉承诺

铅笔签名体现画家的文化涵养

(4) 藏书票的作用

做藏书的标记、书本的装饰,具有很强的实用性;

做艺术交流、展览等学术活动;

做艺术品收藏、欣赏,是一种实用与审美相结合的微型艺术品。

(5) 名作赏析

目前发现的世界上最早的藏书票

中国早期书票

深入探究如何制作阶段导学单：

深入探究	藏书票的规格	
	藏书票的版种	
	藏书票的款式	
	藏书票的题材	

2、如何制作藏书票

（1）藏书票的规格

藏书票被誉为"版画珍珠""纸上宝石""纸上蝴蝶"，从称呼上可以看出它的规格不大，它是根据书籍尺寸的大小而定。国际上要求藏书票的规格：边长不超过18厘米，常见规格为8cm–12cm。

（2）藏书票的版种

制作藏书票作品过去一般采用版画形式，现在则形式多样。

木口木刻

木面木刻

第三部分　各主题课程详细介绍

石板

丝网

铜板

(3) 藏书票的款式

藏书票的款式,即构成形式是多种多样,如方、圆、三角、菱形、椭圆、梯形、扇形、不规则形等,多种形式产生不同的画面效果。

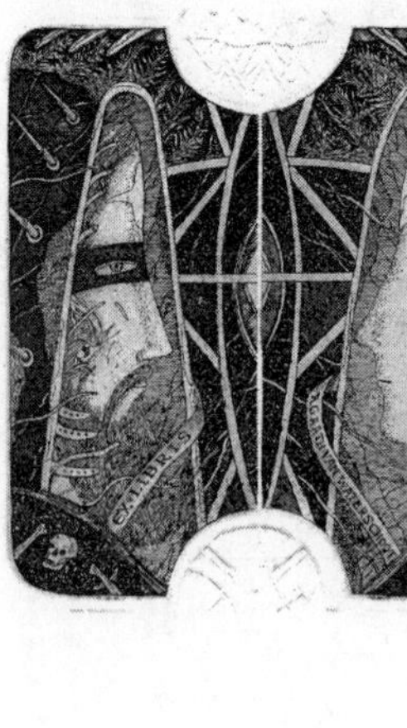

(4) 藏书票的题材

藏书票的题材包罗万象,涉及神话、民间故事、历史人物、建筑风景、文化古迹、名山大川、民俗故事、花鸟鱼虫、珍禽异兽以及现实生活的各个方面。

动物题材

植物题材

书香首图　悦读阅美

风景题材

阶段二：制作过程

设计草图 ➡ **定稿** ➡ **印刷** ➡ **签名**

动手制作一张专属于自己的藏书票
演示制作过程：

(1) 设计草图

可在一张和版大小一致的纸上设计草图，也可以在版上用笔勾画草图，但下笔要轻一些。藏书票包括图像和文字两部分，因为是采用对印的方法，在板上直接勾画时一定要注意方案和带方向性的图案要反写。文字的位置和大小在设计草图时一并考虑。

(2) 定稿

如果有用纸勾画的草图，在拓稿时纸要翻过来，用复写纸将稿子拓到版上，拓稿过程中不要错位，以版面出现清晰的线痕为宜，然后用铅笔把线痕用力加粗描画，也可以采用粗细不同的笔尖、三角刀等材料压、划、挑等方法制作出不同的肌理效果。

(3) 印刷

用油墨滚子进行印刷。

(4) 签名

版画作品左下角标明印数与印张，一般是用阿拉伯数字的分数形式写成的，如 3/10，即表示此画共印制了 10 张，这一张是第 3 张。右下角是作者的签名和制作时间。

3、课后拓展、总结、交流阶段

作品展示：

（1）将创作作品集中在校园、图书馆内展墙上进行展示。

（2）将创作作品翻拍制作成展板进行展示。

（3）将创作作品在图书馆、学校网站上进行展示。

将优秀作品印制成书签发放到学校每位学生的手中。

四、课程评价

1、评价内容

版面设计	☆☆☆☆☆
线条清晰度	☆☆☆☆☆
图案清晰度	☆☆☆☆☆

2、评价方法

学生互相评价，在自己喜欢的作品下方的表格中各项后面贴上五星一枚。比一比谁获得的星星多。

3、评价主体

将创作作品集中在校园、图书馆内展墙上进行展示，由全校学生进行参观评价。

第三部分　各主题课程详细介绍

《"纸上蝴蝶"藏书票》导学任务单

藏书票是指读书人在自己所藏书籍的扉页上贴的一幅装饰小画，作为书籍收藏者的印记，它是由图像和文字（票主名、拉丁文 EXLIBRIS）两部分构成。让我们把收集到的关于藏书票的知识梳理在下面的表格中吧！

初步认识	藏书票的历史	
	什么是藏书票	
	藏书票的构成	
	藏书票的作用	

藏书票被誉为"版画珍珠""纸上宝石""纸上蝴蝶"，从称呼上可以看出它的规格不会太大，它是根据书箱尺寸的大小而定。国际上要求藏书票的规格边长不超过18厘米，常见规格为 8 cm—12 cm。让我一起动手做一做吧！

深入研究	藏书票的规格	
	藏书票的版种	
	藏书票的款式	
	藏书票的题材	

 把你制作藏书票的过程写在下面的流程图中,并把制作好的藏书票贴在相框中吧!

第一步 ➡ 第二步 ➡ 第三步 ➡ 第四步

藏书票作品展

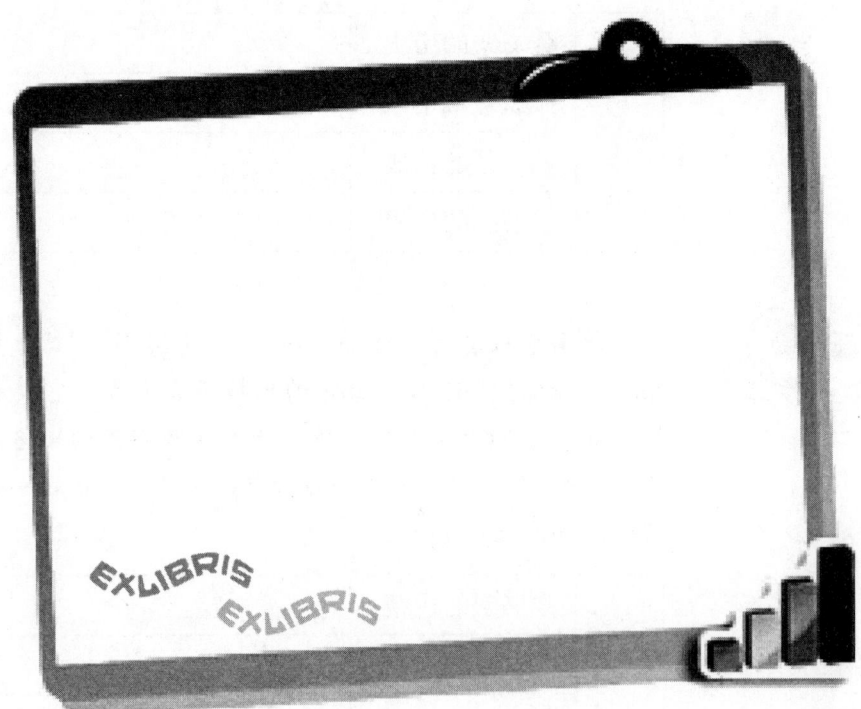

第四部分　课程相关附录

一、课程实践案例

案例一：　　　　　　　　一本好书知春秋

教学基本信息	
课题名称	一本好书知春秋
大课堂基地名称	首都图书馆
大课堂基地的编码	
学段	中段　　年级　　四年级
学科	品德与社会
所属阶段	准备阶段（✓）实施阶段（　）总结阶段（　）

基地资源与学习内容、学生学习生活的关系分析

一、基地资源与学习内容关系分析

　　首都师范大学出版社版《品德与社会》四年级下册第一单元第二主题"一本好书知春秋"，意在引导学生了解一本好书对人一生的作用和影响。本主题分为三部分:《和好书交朋友》《读好书有方法》《开个读书交流会》。书对于学生来说是一个非常熟悉的话题，学生在读书，也在用书，书可以增强学生的知识和开阔学生的视野。但是，一方面，有一大部分学生往往只限于读课本和老师规定的书，而对于其他书籍往往很少涉猎；另一方面，有很大一部分学生往往习惯于买书来看，而不习惯到图书馆借阅图书。买书花钱又多，阅读书籍又有限，且对于哪些书该读、哪些书不该读也不能够进行分辨。首都图书馆是北京市属综合性大型公共图书馆，设有20个阅览室（区），近4000个阅览座席，现藏各类文献逾650万册（件）。老师可以充分利用馆内的书刊资料引导小学生多读书、读好书，帮助他们认识到读书的重要性，从小培养他们良好的阅读习惯。

二、基地资源与学生学习生活的关系分析

劲松第四小学位于劲松七区，是一所城市小学，学生们大多居住在附近，首都图书馆位于华威桥东南侧，就在学校附近。学校曾对四年级一个班33名学生做了一次调查，调查结果显示，43%的学生曾经去过首都图书馆，但还有57%的学生从来没有去过，他们对图书馆资源的了解甚少。而首都图书馆少年儿童图书馆一期改造后服务面积达4000平方米，依据儿童青少年读者的年龄、生理和心理特点，设有四大区域，为小读者提供各类文献借阅和阅读指导，并可进行数字阅读和新媒体技术体验，定期举办一些互动活动，我们可以利用首都图书馆的这些资源，引导学生去图书馆进行阅读，汲取智慧，增长知识，感受读好书带来的快乐。

微课的教学目标

1、了解首都图书馆,尤其是少年儿童图书馆。

2、能用自己喜欢的方式,如,手抄报、读书卡、经典段落赏析、好书推荐、演讲等方式与大家交流,分享2-3本自己喜欢的图书,提升阅读和表达能力。

3、在图书馆阅读图书的过程中,感受知识的浩瀚、博大,感受读好书带来的快乐与收获。

微课的教学过程

一、谜语导入

1、提问:同学们,有一个谜语是这样说的(ppt出示谜语):"学问挺大,不会说话,要学知识,动手翻它。"你知道这是什么吗?

2、解释:是的,你猜对了,这就是书。书中可谓是天文地理,古往今来,无所不有。通过看书,不仅可以增长知识,开阔眼界,还可以明事理。同学们,你们也喜欢看书吧,那今天老师就带领大家去一个读书的好去处——首都图书馆。(ppt:首都图书馆)

二、走进首都图书馆

1、放视频

首都图书馆的简介。

2、过渡

怎么样？琳琅满目的图书，宽敞舒适的阅读环境，在这样一所现代化的大型图书馆里看书是不是感觉很惬意、很舒适呢？与此同时是不是也有些茫然，不知道应该选择哪个地方了呢？别着急，接下来，老师就带你们去首都图书馆少年儿童图书馆，那里可是为我们少年读者量身设计的。

三、走进少年儿童图书馆里去阅读

放视频：首都图书馆少年儿童图书馆简介。

1、介绍少儿图书馆

同学们，你们看，这就是首都图书馆少年儿童图书馆。首都图书馆少年儿童图书馆一期改造后服务面积达 4000 平方米，依据儿童青少年读者年龄、生理和心理特点，设有四大区域，亲子阅读区、少儿中文书刊借阅区、少儿英文阅览区、青少年多媒体空间，为小读者提供各类文献借阅和阅读指导，并可进行数字阅读和新媒体技术体验，更有丰富好玩儿的互动活动定期举办。看到了吗，这里不仅可以阅读到中、英的文图书杂志，还能通过电脑、PAD 进行网上阅读，资源真是丰富，你一定能在这里找到你爱看的图书。

2、介绍青少年多媒体空间

同学们，还有一个地方也不错，这就是位于首都图书馆 A 座三层的青少年多媒体空间，主要为 8 至 16 岁的青少年读者提供数字阅读、影音资料借阅、多媒体技术体验，开展阅读指导等服务。造型独特的装修装饰把整个空间分为 9 大功能区域，环境舒适又突出了科技感。

四、思考与发现

1、思考

通过刚才的学习,你发现什么了?我们来总结一下。

发现一:这里图书种类多样,中文、英文的都有,数量也非常丰富。

发现二:多媒体技术的应用,可以实现数字阅读,满足感官的多种需求。

发现三:这里有学生做活动和互动的空间。

发现四:阅读环境舒适。

2、小结

是呀,多媒体技术的应用,舒适、宽敞的阅读环境,丰富多彩的图书,多种的阅读方式,精心设计的互动展示空间,在这样的条件里静心阅读,汲取智慧,真是一种享受呀。你们看,很多小读者就把自己的阅读收获用不同的方式与大家一起交流分享呢。(PPT)

3、PPT 解说

你们看,这是同学们精心设计的好书推荐卡,这位小读者把《格林童话》这本书推荐给了大家,仔细阅读推荐理由。不难看出,他的收获和感受还真是不少。这位同学是用手抄报的方式向大家介绍并推荐好书,他摘抄了名言警句还留下了自己的读书感言:"读书就像呼吸一样自然,生命因读书而精彩,成长路上,有书相伴,其乐无穷。"写得多好呀!再来看看这些同学们,他们勇敢地站在了首都图书馆的童心舞台上,通过演讲等方式,将自己的读书心得、阅读过的精彩故事与大家一起分享交流。阅读书籍不仅增添了他们的智慧,扩展了视野,明白了道理,还提升他们的表达能力,增强了勇气和自信。同学们,你们也快来这里享受阅读带来的快乐吧。

五、布置任务

出示PPT：利用周末时间，到首都图书馆的少儿图书馆阅读或参加活动，并把收获用自己喜欢的方式表达出来，与同学们一起交流分享。

微课的教学效果分析

本微课，是一节激发学生兴趣，鼓励他们到首都图书馆去，利用馆内资源读书的启动课。通过本课的学习，相信同学们对首都图书馆的少儿图书馆有了一定的了解，学习到一些分享交流读书收获的方法，并能带着任务，到那里长体验、学习。

微课的活动建议——学生用

练习题

利用周末时间，到首都图书馆的少儿图书馆去阅读一本童话故事书，并用喜欢的方式表达出来自己的收获，与同学们一起交流分享。

微课的使用建议——教师用

1、登陆首都图书馆网站，搜集整理相关内容。

2、提前到首都图书馆进行实地考察，与场馆工作人员协调，沟通，便于更好引导学生学习。

案例二： 数字编码

教学基本信息				
课题名称	数字编码			
大课堂基地名称	首都图书馆			
大课堂基地的编码				
学段	中段	年级	三年级	
学科	数学			
所属阶段	准备阶段（✓）实施阶段（　）总结阶段（　）			

基地资源与学习内容、学生学习生活的关系分析

一、基地资源与学习内容关系分析

在小学人教版三年级的数学课本中，有《数字编码》这样一节课，主要的教学内容是使学生初步体会数字编码思想在解决实际问题中的应用。通过实践活动来运用数字或字母进行编码，加深对数字编码思想的理解。首都图书馆中有众多图书，作为社会大课堂的资源单位，首都图书馆能够提供给学生充分认识图书数字编码知识的资源。

二、基地资源与学生学习生活的关系分析

小学三年级的学生经常利用在学校的资源——图书阅览室，进行大量的阅读，孩子们经常会看到图书侧面有一些字母及数字，但是学校的资源是有限的，而且学生并不知道数字编码的具体含义。通过利用首都图书馆图书的编码，能够将生活中的知识与课本中的知识有效

的联系起来，对学生学习和生活都有很大的帮助。

微课的教学目标

学生学会运用数字编码在首都图书馆查找图书。

微课的教学过程

一、师生互动引入课题

学生：老师老师！我们在学校图书馆里找到这两本书，发现书的侧面都有许多的数字，这些数字有什么用途呀？

老师：同学们，你们真是爱动脑筋的学生，这些数字正好与咱们数学课上学习的数字编码有联系，咱们一起来学习吧！

二、介绍在首都图书馆搜索图书的方法

如果我们要找《我是数学逻辑高手》这本书，我们可以到首都图书馆Ａ座二层的少年儿童图书馆总服务台进行查询。

具体方法是这样的，大家请看：

首先，我们到达首都图书馆Ａ座二层的少年儿童图书馆，找到书目检索处。

第四部分 课程相关附录

点击图标,输入想要寻找的书籍名称,在图书馆数据库中查找,点击检索。

点击检索之后会出现这本书的详细信息,我们可以看到这本书的编号、具体位置、出版时间、作者等信息,同学们可以记录下书籍的编号 G898.2/1112,到书架上进行查找。

第四部分 课程相关附录

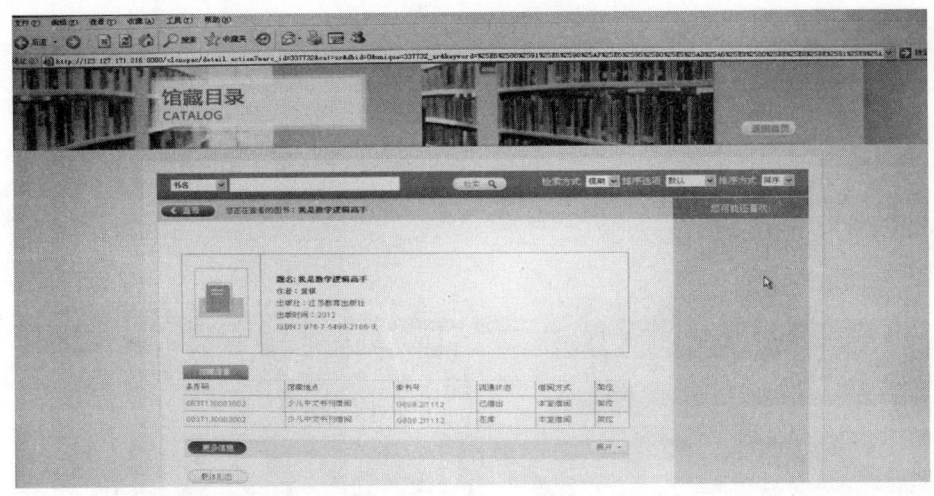

既然这本书的索书号是 G898.2/1112，第一个字母是 G，我们需要找到 G 字书架。

通过寻找，我们在 G 字书架的第 2 个书架进行搜索，寻找相应编号的书籍。

第四部分 课程相关附录

老师：同学们，我们通过很简单的电脑检索就检索到了我们想要的书籍，你们有什么感觉呀？——是呀，很便捷、很方便。

三、介绍

索书号就是这本书在图书馆的一个身份证，这个身份标明了图书的类型以及所在的位置。通过索书号找书，首先看索书号的第一个字母，通常是 ABCDEFG 的英文大写，这些就是图书的大类。在图书馆的每个书架上都标明了这个书架的分类，有些书架上是 A，有些是 B……如果要找 G，就可以去找到 G 的书架。然后字母后面还有很多数字，这就是图书的排序。按照从大到小的排序，仔细去书架中寻找。

通过与首都图书馆工作人员的交谈，我们得知，在通常情况下，索书号由两部分组成：分类号和书次号，例如：G898.2/1112（横排方式）。

索书号的第一部分叫做分类号，是根据图书的学科主题所取用的分类号码。首都图书馆目前采用的图书分类表是《中国图书馆分类法》，用字母来表示图书的种类，中文图书共分为 22 大类，分别用 A、B、C……Z 字母表示，字母后的数字表示进一步细分。一般来说，数的位数标志类名的级别，多一位数码表示细分一层。比如图书分类号 G 代表的图书分类名就是文化、科学、教育、体育；图书分类号 O 代表的图书分类名就是数理科学和化学。由于在索书号中带有分类号码，使同一学科主题的图书得以比较集中地排列在书架上，起到方便读者查找的作用。

索书号的第二部分叫做书次号，表示同一类图书的序号，是按照图书作者姓名所编排的著者号码，或者是按照图书进入馆藏时间的先后所取用的顺序号码。通过采用著者号码，一位作者所著的同一学科主题的图书会被集中在一起，也方便了读者查找资料。

接下来介绍一下索书号的排列顺序。

不同索书号确定排列先后顺序的步骤是先比较分类号码。如分类号码相同再比较著者号码或顺序号码。比较方法采用对位比较法，字符序列以 ASCII 字符集为依据。比如这几个索书号：

1、G30/97

2、G86/977

3、G130.7/89

4、G307.1/98

5、G307.12/8

6、G307.65/5

需要说明的是，在图书馆的书架上，图书的书次号的排列不采用上述方法而是采用自然顺序排列方法。即：

1,2,3,…,9,10,11,…,99,100,101,…

提醒大家：一定要记下相应的编号。

四、师生互动，结尾

你了解数字编码的奥秘了吗？尝试到首都图书馆查找自己喜欢的图书吧！

第四部分　课程相关附录

微课的教学效果分析

　　根据课前的调查，班上所有学生都在本校图书阅览室进行过图书阅读，许多学生去过首都图书馆进行过图书阅览，大部分同学发现了每本书的编码都是不同的，但几乎所有学生都不知道图书编码的知识，不知道所有图书馆的编号方法是否相同。通过本节课的教学，学生了解了图书编码的知识，知道了索书号的奥秘，知道了分类号所代表的图书分类名，能够运用所学知识，为班级中的图书进行编码，也便于学生今后到图书馆查找图书。

微课的活动建议——学生用

　　1、到达首都图书馆后，请遵守图书馆的规章制度，如爱护馆内文献和一切公共财产，维护环境卫生，保持整洁、不大声喧哗等。

　　2、在学习过后，学生们可以根据课上的知识尝试将自己班级内图书角的图书进行编码、分类，便于今后的查找。

微课的使用建议——教师用

　　1、在上本节课之前，教师应调研自己班的学生情况，是否借阅过图书、是否去过首都图书馆，再制定课程计划。

　　2、本节课是在《数字编码》——身份证号、邮政编码教学之后的

第二课时。应是学生在初步了解初步编码的结构与含义、探索数字编码的简单排列之后再进行教学的。

3、如果条件允许，教师可以带领学生到首都图书馆进行实地借阅，在同一个书架上阅读或借阅，会更清晰地看到图书馆中的索书号是如何排列的。

案例三： 　　　　　**首都图书馆里的高科技**

教学基本信息			
课题名称	首都图书馆里的高科技		
大课堂基地名称	首都图书馆		
大课堂基地的编码			
学段	中、高段	年级	三—六年级
学科	科学		
所属阶段	准备阶段（√）实施阶段（　）总结阶段（　）		

基地资源与学习内容、学生学习生活的关系分析

一、基地资源与学习内容关系分析

首都图书馆是北京市属大型公共图书馆，为公众提供全方位、多层次的优质文化信息服务，是北京市民终身教育的社会课堂和科普教育基地。馆内各种文化传播设施配套齐全，有报告厅、多功能厅、文化艺术展厅、视听集体阅览室、电大教室等固定场所，并有8000平米的室外文化广场，可以同时满足文献借阅、信息服务、展览会议、文化交流、视频欣赏、大型室外活动等多种服务功能。2004年，北京市少儿图书馆迁入首都图书馆。两馆的合并使首都图书馆的服务功能更加完备。

小学科学课程是以培养科学素养为宗旨的科学启蒙课程。科学素养的形成是长期的，早期的科学教育对一个人科学素养的形成具有决

定性作用。承担科学启蒙任务的这门课程，将细心呵护儿童与生俱来的好奇心，培养他们对科学的兴趣和求知欲，引领他们学习与周围世界有关的科学知识，帮助他们体验科学活动的过程和方法，使他们了解科学、技术与社会的关系，乐于与人合作，与环境和谐相处，为后继的科学学习、为其他学科的学习、为终身学习和全面发展打下基础。学习这门课程，有利于小学生形成科学的认知方式和科学的自然观，并将丰富他们的童年生活，发展他们的个性，开发他们的创造潜能。

少儿综合借阅中心是首都图书馆专门面向少儿读者的综合性服务部门，主要负责少儿报刊文献的采集、加工、典藏、流通等工作，以及负责少儿图书的收藏、阅览、外借、咨询、办证、读者活动等多项职能。多年来秉持"一切为了小读者、为了一切小读者"的宗旨，着力满足小读者的阅读需求，做到重视孩子天性，培养阅读习惯，塑造健康人格，充分发挥图书馆的社会教育职能，取得了小读者的良好口碑和社会效益。

二、基地资源与学生学习生活的关系分析

科学《课标》中指出：每一个生活在科学技术高速发展时代的人，从小就明显地感受到了科学技术所带来的种种影响。因此，从小就必须注重培养学生良好的科学素养，通过科学教育使学生逐步领会科学的本质，乐于探究，热爱科学，并树立社会责任感；学会用科学的思维方式解决自身学习、日常生活中遇到的问题。

随着社会科学技术的不断进步、革新，世界各国都越来越重视针对小学生的科学教育以及科学课程的改革，注重小学生对周围世界与生俱来的探究兴趣和需要,强调用符合小学生年龄特点的方式学习科学,提倡科学课程贴近小学生的生活。在小学阶段,儿童对周围世界有着强烈的好奇心和探究欲望,他们乐于动手操作,这一时期是培养学生科学兴趣、体验科学过程、发展科学精神的重要时期。

首都图书馆少年儿童图书馆前身是建于1948年的北平市立儿童图书馆,2004年并入首都图书馆。首图少儿馆为18岁以下未成年读者提供文献借阅和文教活动等服务,在儿童和青少年中大力推广优质阅读,促进他们健康快乐地成长。

首都图书馆少儿馆服务面积约4000平方米,依据儿童青少年读者年龄、生理和心理特点,分主题设有"少儿中文书刊借阅区"、"少儿英文阅览区"、"亲子借阅区"及"青少年多媒体空间"四大区域,为小读者提供各类文献借阅和阅读指导服务,并可进行数字阅读和新媒体技术体验,更有丰富好玩儿的互动活动定期举办。

微课的教学目标

1、学生走进首都图书馆,体验高科技设备在场馆中的应用。

2、学生在活动中训练观察能力,锻炼动手操作能力。

3、学生感受科技给人们阅读带来的便利,激发学生科学探究的兴趣,激起学生锐意创新的愿望。

微课的教学过程

一、图片导入，激发探究兴趣

1、教师出示图片并提问：同学们，你们看，这位同学在这个奇怪的透明罩子下做什么呢？

2、教师解疑：原来呀，她在听音乐呢！（播放视频）

3、教师追问：这样听音乐，周围的人不会被打扰吗？

4、教师解疑：不会的，不会打扰周围的人，因为只有在罩子里的人才能听到音乐，出了那个范围就听不见了。（播放视频）

二、探究原理，发现科技奥秘

1、教师出示图片并提问：那么这个奇怪的家伙到底是什么呢？

2、教师解疑：它叫聚音罩，又称集音罩、定向扬声器，主要用于声音的狭窄角度传播，能够将声音聚焦。其主要特点就是，能使各区播放的声音互不干扰，在双抛物线圆顶内，声音的音质最清晰，不受外界干扰。一般安装在天花板、墙面等地方。聚音罩音箱适合在多个特定区域不断地重复播放不同的展示内容，将声音传递给每个来此区域的参观者，使得在不同的展项前的参观者能各自欣赏面前的展项音像内容而不受相邻展项的声音干扰。博物馆、科技馆、美术馆、展览馆、主题公园、餐厅、会客厅、电信移动营业厅、银行贵宾厅、主题休闲吧、

企业文化长廊等场所都是它的适用范围。

3、关于"声音"的知识拓展介绍:"奇妙的聚音器"。

我们在日常生活中听到的声音是向四处散发的。奇妙的聚音器,却能像聚光灯那样,将声音变为音柱定向传播。它发射的音柱能使处在音柱之内的人清晰地听到声音,但处在音柱之外的人则什么也听不到,或至多只能听到微弱的嘈杂声。

聚音器的关键技术是把人耳听不见的超声波合成为人耳能听得见的连续、精确的声音。超级市场可利用聚音器有针对性地向部分顾客播放商品广告,自动售货机也可利用聚音器在不制造噪音的情况下吸引过路人,军方则可利用其发出的特殊音柱来迷惑敌人。

至于处于音柱之内的人,如不想听到声音,使用普通的耳机或耳塞,便可成为有效的屏障,因为经合成后的声音其实只是普通的声波。

4、教师出示图片并总结:这样先进的高科技设备在哪里呢?它们就位于首都图书馆A座的青少年多媒体空间内。它们正静待同学们亲临体验呢!

三、深入首都图书馆,拓宽视角眼界

1、教师出示图片并提问:咦,这又是什么?是把苍蝇拍吗?工作人员拿着它做什么?是给书籍驱赶蚊蝇吗?是把扁扁的扫帚吗?在给书籍们做清洁美容?

2、教师解疑：都不是，其实这是首都图书馆新馆里的又一个高科技——移动点检车。让我们通过一段视频来认识它吧！（播放视频）

3、教师总结：作为北京最重要的读书场所之一，首都图书馆自新馆开放以来，日均接待1万多人次，最多一日接待了近2万人次。新馆新添的很多功能，特别是一些高科技设施，已使很多读者享受到其中的妙处，也有不少新来的读者正准备体验这些功用。

第四部分　课程相关附录

四、走进首都图书馆，寻找体验感受

1、教师出示图片并讲述：阅读不仅能够让你增长知识，改变命运，而且能够让你平添勇气和力量。一百年的风雨中，首都图书馆一直坚守着这样一个理念：让所有人平等地走近书，走进图书馆；让这里成为人们获取精神食粮的天堂。随着科学技术地发展，人们的阅读方式也在悄然地进行着革新，变得更加丰富，多种感官参与到了阅读之中。为适应这一变化，更有利于读者高效、便捷地借阅和归还书籍、典藏，首都图书馆在科技革新方面不断进行着努力。

瞧，它们来啦！

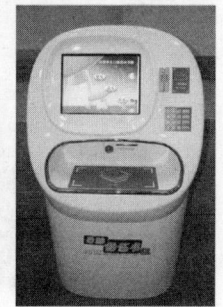

书香首图　悦读阅美

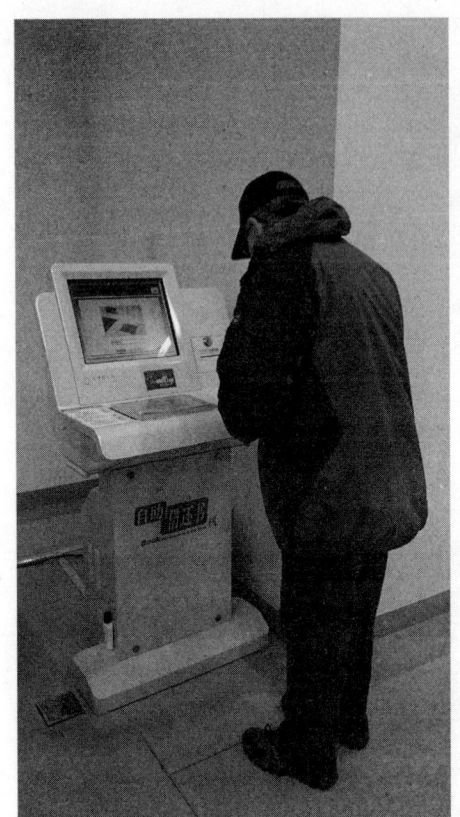

第四部分　课程相关附录

2、教师布置任务：哇，好多，好丰富呀！这些高科技设施、设备在首都图书馆的什么位置？它们应该怎样使用？它们在各自岗位上发挥着怎样的作用？为我们的阅读带来了哪些便利？为了找到这些问题的答案，就请同学们做好准备，亲自走进首都图书馆一探究竟吧？！

微课的教学效果分析

1、激发学生科学探究的兴趣，激起学生锐意创新的愿望。

学生发现首都图书馆，尤其是少儿馆的青少年多媒体空间是一个又酷又炫的空间，无线网络覆盖，装饰充满科技感，他们在这里可以上网进行数字阅读；在平板电脑上使用各类应用；和小伙伴们玩体感游戏，亲身体验最新的多媒体技术；约上好朋友一起坐在太空舱座椅里看电影、听音乐；参加影音播放区的电影放映活动，观看 3D 和蓝光影片；在影音资料借阅区开架外借的近 1 万张光盘中随意挑选，把喜爱的动画片、纪录片借回家慢慢看；带上作业资料，在研讨学习区和同学们讨论学习问题。在电子工坊阅览 2000 余册有声绘本电子书，自己创意设计、制作电子书……

2、学生愿意走进首都图书馆，体验高科技设备在场馆中的应用，感受科技给人们阅读带来的便利。

现代图书馆是具有多重功能的复合体，从简单的藏阅型发展到集多功能于一体的复合型文化设施。数字化的发展使人们的阅览习惯与方式出现了多样性，在新馆设计中，突出数字化方便快捷的生活方式、即时的信息传递与收集、E 时代网络生活、数字化体验区、遍布馆内的数字化服务设施、数字化借阅、查询、卡式管理、卡式消费，这些都给读者带来方便。

微课的活动建议——学生用

1、爱护馆内设施，文明阅读。

2、带齐活动所需设备，定好计划，做好人员分工。

3、注意人身和财产安全。

第四部分 课程相关附录

微课的使用建议——教师用

1、教师应在学生活动前,先走进首都图书馆,对馆内的科技设备应用进行全面的了解,以便在学生活动过程中给予指导。

2、爱护馆内设施,文明阅读,为学生起引领示范作用。

3、注意人身和财产安全。

案例四： 和好书交朋友

教学基本信息			
课题名称	和好书交朋友		
大课堂基地名称	首都图书馆		
大课堂基地的编码			
学段	中段	年级	四年级
学科	品德与社会		
所属阶段	准备阶段（✓）实施阶段（ ）总结阶段（ ）		

基地资源与学习内容、学生学习生活的关系分析

一、基地资源与学习内容关系分析

首都师范大学出版社版《品德与社会》四年级下册第一单元第二主题"一本好书知春秋"意在引导学生了解一本好书对人一生的作用和影响。本主题分为三部分《和好书交朋友》、《读好书有方法》、《开个读书交流会》。

从学生的社会生活环境看，由于课业负担的繁重，以及社会上各种书名目繁多，学生受着各种因素的困扰，使得他们读书的时间相对较少，还不会选择好书或适合自己的书。所以在本次教学中，教师不仅要激发学生爱读书，读好书的情感，了解读书的好处，更要培养学生到图书馆借阅图书，充分利用图书馆的资源和小伙伴开展有意义的故事会。从孩子的心理特点和认知程度上看，四年级的学生大多都喜

爱书，喜欢书中各种有趣的故事，喜欢书中所蕴含的知识、道理，喜欢书带给他们无穷的乐趣。首都图书馆就是孩子们最好的选择，而且就在学校附近。我们可以充分利用馆内的藏书引导学生多读书、读好书，帮助他们认识到读书的重要性，从小培养他们自觉、自主地去看书的良好习惯。

二、基地资源与学生学习生活的关系分析

劲松四小位于劲松七区，是一所城市小学，学生们大多居住在附近，首都图书馆位于华威桥东南侧，就在学校附近。学校曾对四年级一个班33名学生做了一次调查，调查结果显示，43%的学生曾经去过首都图书馆，但还有57%的学生从来没有去过。他们对图书馆资源了解甚少。而首都图书馆少年儿童图书馆一期改造后服务面积达4000平方米，依据儿童青少年读者年龄、生理和心理特点，设有四大区域，为小读者提供各类文献借阅和阅读指导，并可进行数字阅读和新媒体技术体验，丰富的互动活动定期举办。教学中，我们可以利用首都图书馆这些资源，引导学生去图书馆进行阅读，汲取智慧，增长知识，感受读好书带来的快乐。

微课的教学目标

1、知道阅读好书能增长知识、开阔视野，有利于少年儿童的健康成长。

2、喜欢读书，愿意和好书交朋友，感受读书带来的快乐。

3、利用图书馆资源，倡导学生积极参与首都图书馆的"今天由我讲故事"活动。

微课的教学过程

一、导入

1、学生：今年我想交一个特殊的朋友，我不知道的它可以告诉我，我知道的它可以帮我验证，我可以和它一起长大。老师说它可以给我更多的知识。"绘本故事是我最喜欢的书籍"，今年我们在一起。（ppt出示画面）

2、老师：少年儿童图书馆面向0-18岁的青少年读者，所藏文献既有学习辅导书，也有上至天文、下至地理的各类课外读物，同时配备多媒体设备及科普仪器，以不同主题的文献和环境装饰营造了"军事益智、国学堂、童话故事、绘本动漫、历史地理、科学普及、报纸杂志"等几个区域，为读者呈现情景式的阅读环境，激发青少年想象力，在辅助青少年完成课业的同时，促进他们全面发展。

首都图书馆非常重视少儿阅读活动的组织与开展，秉承"在活动中学习，在参与中提高"的宗旨，首都图书馆少儿馆以丰富的馆藏文献资源为依托，开展内容丰富、形式多样、寓教于乐的阅读活动，从多种角度对少年儿童进行道德品质、文化艺术和科普知识等方面的教育，启发孩子的想象力、培养创造力、阅读习惯和提高阅读兴趣。（放视频：首都图书馆少儿中文书刊借阅区的简介）

二、童心故事会

1、小伙伴们大家好：这里是首都图书馆"少儿中文书刊借阅区"的绘本借阅区，在这里我们可以遨游在书的海洋中，今天我们的"童心故事会"就给大家讲一个"大脚丫跳芭蕾"的绘本故事。

2、过渡：其实，我也是一名舞蹈爱好者，被这个故事中的主人公深深感动。在首都图书馆，像这样的绘本故事很多很多，我们一起看看吧，有没有你喜欢的！

三、小结

小伙伴们，我将与首都图书馆共同成长，你准备好了吗？和我一起走进首都图书馆，遨游在书的海洋中吧！

四、布置任务

利用业余时间走进图书馆，阅读绘本故事，参加"今天由我讲故事"演出。

微课的教学效果分析

本微课，是一节激发学生兴趣，鼓励他们到首都图书馆去，利用馆内资源读书的启动课。通过本课的学习，相信同学们对首都图书馆的少儿图书馆有了一定的了解，并能学习到一些分享交流读书的方法，能带着任务，到那里体验、学习。

微课的活动建议——学生用

练习题

利用周末时间,到首都图书馆的少儿图书馆或活动中心去阅读一本童话故事书,并把自己的收获,用自己喜欢的方式表达出来,与同学们一起交流分享。

微课的使用建议——教师用

1、登陆首都图书馆网站,搜集整理相关内容。

2、提前到首都图书馆进行实地考察,与场馆工作人员协调,沟通,便于更好引导学生学习。

案例五： 首都图书馆的少年儿童图书的借阅

教学基本信息			
课题名称	首都图书馆的少年儿童图书的借阅		
大课堂基地名称	首都图书馆		
大课堂基地的编码			
学段	中段	年级	三年级
学科	科学		
所属阶段	准备阶段（✓）实施阶段（ ）总结阶段（ ）		

基地资源与学习内容、学生学习生活的关系分析

一、基地资源与学习内容关系分析

1、少儿综合借阅中心

少儿综合借阅中心是首都图书馆专门面向少儿读者的综合性服务部门，主要负责少儿报刊文献的采集、加工、典藏、流通等工作，以及负责少儿图书的收藏、阅览、外借、咨询、办证、读者活动等多项职能。多年来秉持"一切为了小读者、为了一切小读者"的宗旨，着力满足小读者的阅读需求，做到重视孩子天性，培养阅读习惯，塑造健康人格，充分发挥图书馆的社会教育职能，取得了小读者的良好口碑和社会效益。

2、少儿阅读活动中心

少儿阅读活动中心是首都图书馆专门为少年儿童开展信息素质教

育，组织各类少儿读书活动的部门。主要包含：覆盖全市16个区的红领巾读书活动，每年有数十万少年儿童参加。活跃在本馆内的少儿阅读活动已形成或正在形成特色和品牌。如"成长课堂"、"红红姐姐讲故事"、"童心舞台"等，每年寒暑假推出的"阳光少年读书行动"已成为首都图书馆组织开展校外教育活动的固定读书活动。

二、基地资源与学生学习生活的关系分析

首都图书馆是北京市属大型公共图书馆，为公众提供全方位、多层次的优质文化信息服务，是北京市民终身教育的社会课堂和科普教育基地。馆内各种文化传播配套设施齐全，有报告厅、多功能厅、文化艺术展厅、视听集体阅览室、电大教室等固定场所，并有8000平米的室外文化广场，可以同时满足文献借阅、信息服务、展览会议、文化交流、视频欣赏、大型室外活动等多种服务功能。2004年，北京市少儿图书馆迁入首都图书馆。两馆的合并使首都图书馆的服务功能更加完备。

首都图书馆少年儿童图书馆前身是建于1948年的北平市立儿童图书馆，2004年并入首都图书馆。首图少儿馆为18岁以下未成年读者提供文献借阅和文教活动等服务，在儿童和青少年中大力推广优质阅读，促进他们健康快乐地成长。

首都图书馆少儿馆服务面积约4000平方米，依据儿童青少年读者年龄、生理和心理特点，分主题设有"少儿中文书刊借阅区"、"少儿英文阅览区"、"亲子借阅区"及"青少年多媒体空间"四大区域，为小读者提供各类文献借阅和阅读指导服务，并可进行数字阅读和新媒体技术体验，更有丰富好玩儿的互动活动定期举办。

青少年多媒体空间，这是一个又酷又炫的空间，无线网络覆盖，装饰充满科技感，小读者在这里可以——上网进行数字阅读，在平板电脑上使用各类应用，和小伙伴们玩体感游戏，亲身体验最新的多媒体技术，约上好朋友一起坐在太空舱座椅里看电影、听音乐，参加影音播放区的电影放映活动，观看3D和蓝光影片，在影音资料借阅区开架外借的近1万张光盘中随意挑选，把喜爱的动画片、纪录片借回家慢慢看，带上作业资料，在研讨学习区和同学们讨论学习问题。在电子工坊阅览2000余册有声绘本电子书，自己创意设计、制作电子书，自制作品有可能被选为图书馆的馆藏哟。

微课的教学目标

1、认知目标：学习在首都图书馆怎样去借书、找到自己想要的书、很快地搜集到自己想要的资料的方法。

2、情感目标：激发学生爱读书的兴趣。

3、能力目标：掌握借阅图书的方法，增强搜集资料、整理资料的能力。

微课的教学过程

一、切入主题，聚焦重点

同学们，你们看到的这张照片是哪里？对了，就是首都图书馆。位于东三环华威桥东南角的首都图书馆仿佛世外桃源，是个安静之所。焕然一新的少儿馆与图书馆一期相围合，俯瞰之下，形成一枚汉字"图"的印章，烙印于北京公共文化版图之中。在首都图书馆有一个专门为我们少年儿童准备的图书馆，它位于首都图书馆的A座，今天老师就带领你们到那里参观一番。

ppt展示

第四部分　课程相关附录

这里就是首都图书馆的少年儿童图书馆。首都图书馆少年儿童图书馆一期改造后服务面积达4000平方米，依据儿童青少年读者年龄、生理和心理特点，设有四大区域，为小读者提供各类文献借阅和阅读指导，并可进行数字阅读和新媒体技术体验，更有丰富好玩儿的互动活动定期举办。

二、办理首都图书馆少儿读书卡

看到了环境这么优美的首都图书馆少儿馆，你们一定想去那里读书了吧，我们应该怎样在那里看到自己喜欢的图书呢？首先我们需要办理一张《首都图书馆少儿读书卡》。那么，我们该怎样办理呢？请同学们耐心听我介绍：

ppt 展示

办理当日就可以在那里借阅自己喜爱的图书了。

过渡：使用时我们又该注意些什么呢？

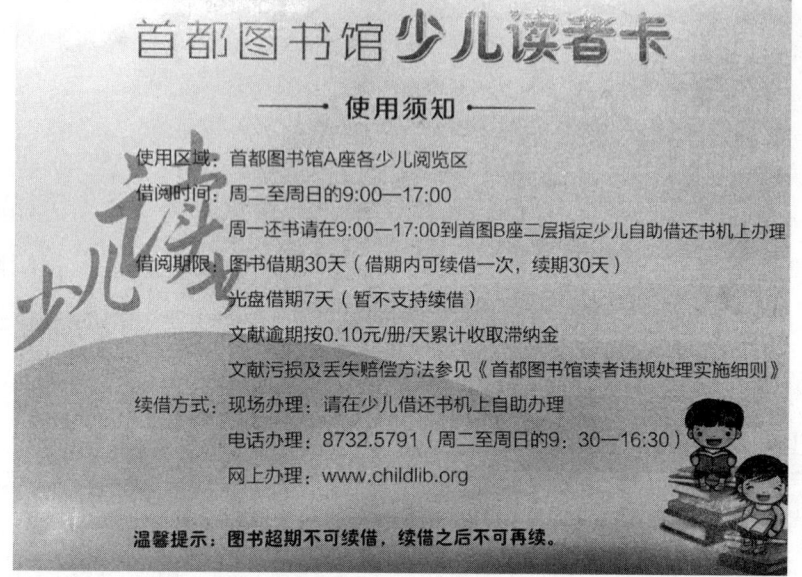

三、看资料，掌握借书、还书的方法

同学们，当你们拥有了"首都图书馆少儿读者卡"，你们怎样在首都图书馆借书、还书呢？请看这段视频资料。

1、借书

老师：如果我们已经知道要看的书的名字，就来到书目检索区，打开电脑输入书名，电脑就会准确地告诉你这本书所在的位置，你就可以方便地找到了。如果你并不知道所要看的书的名字，只是想找到关于哪一类的书，就请你先到书籍的分类区去找，然后自己再决定借

第四部分　课程相关附录

1. 借书流程
第一步：将图书放在感应区
第二步：点击"借书"
第三步：按图示刷少儿读者卡
第四步：在键盘区输入读者卡密码，
　　　　点击"确认"
第五步：核对"检测数量"点击"继续"
第六步：核对已借图书信息，点击"确定"
第七步：选择是否打印借书凭据

2. 还书流程
第一步：将图书放在感应区
第二步：点击"还书"
第三步：核对"检测数量"点击"继续"
第四步：核对所还图书信息，点击"确定"
第五步：选择是否打印还书凭据
第六步：将还完的图书放入书箱

3. 续借流程
第一步：点击"续借"
第二步：按图示刷少儿读者卡
第三步：在键盘区输入读者卡密码，
　　　　点击"确认"
第四步：核对当前借阅信息，点击"续借"
第五步：确认续借结果，点击"确定"
第六步：选择是否打印续借凭据

阅哪本书。

找到了自己需要的书籍之后，来到图书馆的自助借还书机前，将书放在自助借还书机感应区内，按以下步骤操作就可以了。（少儿暂不能刷第二代身份证）

2、还书

把书放到自助还书机上的感应区，机器会自动检测。然后按步骤操作就可以了。

3、续借

把自己需要续借的书放在感应区，按以下步骤操作就可以了。

四、图书馆礼仪

保持安静

爱护图书

不要餐饮

学会礼让

遵守规则

微课的教学效果分析

设计构思和布局特点

1、从生活中选取活动内容。在与学生交往的过程中，老师发现许多学生想到图书馆办理借书证，这本是一件好事，可是有的同学去图书馆后不知道如何根据自己的需要去借书。为了鼓励学生走进图书馆，教会学生正确的读书方法，便设计一节《首都图书馆少儿图书如何借阅》综合实践活动课。

2、在实践活动中，培养学生发现问题、解决问题的能力。通过活动让学生身临图书馆，谈初次借书的体验，引导学生发现问题，了解图书馆的陈设布局，发现图书馆的陈设规律，了解借书的有关知识，并归纳、总结出借书、读书的方法、经验，让学生学会利用图书馆资源，吸收大量的知识，培养学生的自学能力，为他们的终身教育打下良好的基础。

微课的活动建议——学生用

1、学生年龄比较小，尤其是小学三年级的学生，需要老师正确指导孩子到图书馆借阅图书，掌握方法。

2、学生掌握借阅图书的方法之后，可以在老师或家长的带领下亲自到图书馆独立完成办卡、借书的过程，并在首都图书馆进行阅读，激发学生的学习兴趣，增强其实践能力。

第四部分　课程相关附录

微课的使用建议——教师用

1、《首都图书馆少儿图书如何借阅》能够做到让学生作业在课堂，协作在课堂，互动在课堂，展示质疑释疑在课堂），做到：从而提升了学习绩效，要学习的学生是主动去完成任务，需要的时候就会去图书馆。

2、真正开展实验的时候，要事先做好教师与家长的沟通，以及对学生的动员与辅导。在实验的过程中，教师发现问题后要及时调整。

案例六： 毛泽东诗词

教学基本信息			
课题名称	毛泽东诗词——走进图书		
大课堂基地名称	首都图书馆		
大课堂基地的编码			
学段	高段	年级	五年级
学科	语文		
所属阶段	准备阶段（✓）实施阶段（　）总结阶段（　）		

基地资源与学习内容、学生学习生活的关系分析

一、基地资源与学习内容关系分析

首都图书馆有着丰富的图书资源和电子文献资源。通过在图书馆借阅毛主席的有关诗词，来帮助学生了解毛主席的诗词，以及更加全面地了解毛主席的有关情怀。同时首图的资源不仅仅局限于本课书或本学科，更是在各个学科中可以兼容，共享的。

二、基地资源与学生学习生活的关系分析

五年级的学生，对于网络资源的利用十分频繁，而且很依赖，但是他们对于网络资源是不加筛选的利用和信任。所以在此我们要提醒学生，要找到真实可靠的资源，就要到图书馆中借阅图书或者查阅电子文献。

第四部分 课程相关附录

同时，学生能够通过本次微课的学习，知道首都图书馆蕴含着丰富的资源，应当提升利用首都图书馆的意识。

微课的教学目标

1、学习毛泽东的《沁园春·雪》，了解主席的博大胸怀。

2、知道在首都图书馆中可以找到更权威可靠的资料。

3、体会像图书馆这样的社会大课堂中有着丰富的资源，提升利用社会大课堂的意识。

微课的教学过程

一、导入新课

1、同学们，之前我们一起学习了毛主席的《七律·长征》，咱们一起来复习一下吧。

2、是的，我们眼中的毛主席不仅具有过人的军事才能，更有着诗人的情怀，他用诗鼓舞着千千万万的中国人。他的诗歌不仅仅有《七律·长征》，还有其他很多著名的诗篇。咱们一起去首都图书馆来借阅有关毛主席的诗词，读一读，品一品。

二、走进首都图书馆的毛主席诗词

1、首先，咱们可以去图书馆借阅有关毛主席诗词的书籍。

2、同学们也可以去首都图书馆中的电子阅览室，查阅电子文献中有关毛泽东的诗词的资料。

3、老师呀，从首都图书馆里找来了一些毛主席的诗词，咱们一起学习他的其他作品吧，让我们能够更全面地了解毛泽东。大家请看，这是老师从众多的毛主席的诗词文集、散文集中，选取的毛泽东十分著名的《沁园春·雪》。请同学们自己先出声读一读，想一想你从中看到了怎样的毛泽东呢？

4、你从中看到了怎样的毛泽东呢？（你从哪句或者哪个词中看出了怎样的主席呢？）胸襟广博，豪情万丈。

5、能不能读出这种广博的胸襟呢？同学们读得非常好，从你们的朗读中我们仿佛感受到了主席那广博的胸怀。

三、总结拓展

通过今天学习毛泽东的《沁园春·雪》，我们更加全面地了解了主席的博大胸怀，而且我们还知道了要想查阅更多真实可靠的资料，我们还可以去首都图书馆里借阅图书和在电子阅览室进行查阅。同学们，我们不难发现我们身边的资源是很丰富的，关键在于我们要充分地挖掘和利用好我们身边的资源。

微课的教学效果分析

学生能够更加全面地了解毛主席的诗词，以及毛主席博大的胸襟。同时，通过老师介绍到首都图书馆里借书和查阅电子文献的方法，学生可以通过首都图书馆的资源，找到更加真实可靠的资源来学习、参考。学生能够通过本次微课的学习知道，社会大课堂中蕴含着丰富的资源，我们应当提升利用社会大课堂的意识。

微课的活动建议——学生用

1、学生可以通过学习毛主席的《沁园春·雪》进一步地了解主席的博大胸襟。

2、学生通过微课知道想要查阅真实可靠的资料可以到首都图书馆，进行相关资料的检索与借阅。

微课的使用建议——教师用

1、因为如何检索图书和借阅图书，在品德和社会学科中会涉及，所以课上教师不需要耗费时间来讲检索和借阅图书的步骤。

2、同时，学生到了五年级，对于网络资源的利用十分频繁，而且很依赖，但是他们对于网络资源是不加筛选地利用，所以在此我们要提醒学生，要找到真实可靠的资源，就要到图书馆中借阅图书或者查阅电子文献。

案例七： 在首都图书馆找寻恐龙的踪迹

教学基本信息			
课题名称	在首都图书馆找寻恐龙的踪迹		
大课堂基地名称	首都图书馆		
大课堂基地的编码			
学段	中段	年级	三年级
学科	科学		
所属阶段	准备阶段（✓）实施阶段（ ）总结阶段（ ）		

基地资源与学习内容、学生学习生活的关系分析

一、基地资源与学习内容关系分析

在科学课中，有很多学习内容需要在课前或课后搜集相关资料，首都图书馆的少儿馆为学生提供了大量的科普类书籍，学生在这里能查阅到很多相关的资料。比如恐龙，学生能够通过阅读，查阅书籍，对恐龙有一个系统的认识，拓展学习内容。

二、基地资源与学生学习生活的关系分析

首都图书馆作为北京市的大型综合图书馆，专门设有为少儿综合借阅中心，为学生提供阅览、外借、读书活动等服务；还设有青少年多媒体空间，为学生提供数字阅读及视听资料，能够满足学生的阅读需求，培养学生的阅读习惯，拓展学生的知识和视野，塑造学生健康的人格。

第四部分　课程相关附录

微课的教学目标

1、学生知道可以利用首都图书馆的资源查阅科普资料。
2、学生能够对探究恐龙产生兴趣。

微课的教学过程

一、回顾课本，聚焦恐龙

同学们，大家好。我们在三年级科学《人与动物》单元学习了《拯救野生动物》，在这一课中，大家认识了一些濒临灭绝和已经灭绝的动物。其中，在已经灭绝的动物中，同学们最熟悉的就是恐龙了。那么今天我们就走近恐龙，来更详细地认识这种生活在远古时期的动物。

恐龙早已经在地球上消失了，我们怎么来认识它呢？

有的同学提到可以上网搜集恐龙的资料，这是个不错的方法。不过今天老师想给大家介绍一个查阅资料的好去处。我们一起来看，这就是首都图书馆。

二、走进首都图书馆，找寻恐龙的踪迹

（一）初识首都图书馆

首都图书馆位于东三环华威桥的东南角，是北京市大型的综合性图书馆，馆藏图书十分丰富，现分为A座和B座，在A座的二层是少儿借阅区，三层是青少年多媒体空间。

在图书馆内查阅资料，不需要任何证件。如果想要外借图书，需要有一张少儿读者卡,同学们可携带证件在二层少儿总服务台办理。

(二)查阅恐龙的相关资料

在二层的少儿借阅区里可以看到有专门的科普书架,在这里能找到很多有关恐龙的书籍,如:《恐龙世界大百科》《最难忘的恐龙》《恐龙王国》《恐龙之谜》《恐龙图鉴》《恐龙还会回来吗?》等等。

(三)介绍恐龙的知识

那么,到底恐龙是一种怎样的动物呢?我们翻开这些书看一看。

1、恐龙概况

恐龙最早出现在大约2.25亿年前,当时的地球上矮灌丛生,被很多植被覆盖着,而且地质活动频繁,造成了陆地气候的变化。

截至2008年9月17日为止,恐龙一共有1047种。恐龙有草食性的,也有肉食性和杂食性的。

另外,恐龙体型很大,比同期生活在地球上的其他动物大很多。

2、多样的恐龙

我们再来说几个恐龙之最。

最大的恐龙:易碎双腔龙,身长可达58-62米,重150-180吨。

最小的恐龙:小驰龙,全长只有39厘米,重量为162克。

最早出现的恐龙:始盗龙,是在阿根廷月亮谷地区发现的。

最迟出现的恐龙:角龙类恐龙,出现在距今1.35亿年前后。

牙齿最长的恐龙:霸王龙,它的牙齿超过了30厘米。

最早被发现有羽毛的恐龙:似鸟龙,发现于辽宁省建昌县,距今约1、6亿年。似鸟龙的发现对鸟类起源的研究有重大意义。

3、恐龙灭亡之谜

那么，恐龙这样的庞然大物是怎样在地球上消失的呢？

恐龙在地球上生活了1.6亿年之久，大约在6500万年前，它们突然在世界各地销声匿迹了。

自20世纪70年代以来，各种有关恐龙灭绝的理论、假说纷纷出台，展开了一场规模空前的大争论。有的说恐龙是因为食用了很多有毒的花中毒而死的；有的说是因为地壳运动，恐龙不适应气候改变而灭亡的。对此众说纷纭，至今恐龙的灭绝还是地球生命史上的一大悬案。

三、总结，延伸

关于恐龙这个话题同学们一定还有很多想知道的，那么就请你走进首都图书馆，去继续找寻恐龙的足迹吧。

微课的教学效果分析

通过本次微课教学，让学生知道在我们身边有一个非常好的公共资源——首都图书馆，可以充分利用这个资源充实自己的课堂学习，丰富自己的业余生活，从而培养良好的阅读习惯和提高搜集资料的能力。

微课的活动建议——学生用

学生要熟悉首都图书馆借阅书籍的程序，在借阅图书的过程中要做到文明有礼。

微课的使用建议——教师用

可以根据课程或学生的需要,设定主题,在首都图书馆开展相关的资料搜集活动。

案例八： 　　　　　**首都图书馆中的数学智慧**

教学基本信息			
课题名称	首都图书馆中的数学智慧		
大课堂基地名称	首都图书馆		
大课堂基地的编码			
学段	高段	年级	五年级
学科	数学		
所属阶段	准备阶段（✓）实施阶段（　）总结阶段（　）		

基地资源与学习内容、学生学习生活的关系分析

一、基地资源与学习内容关系分析

在人们的传统观念中，学校被认为是教育的载体，认为传授知识和促进人的全面发展是单纯由学校完成的。现行教育体制的现状是：学校作为教育的主要载体，大都处于"过载"的状态，超出了其所能向受教育者提供的资源的上限。即使这样，受教育者，也就是广大少年儿童在学校成长过程中汲取的"营养"仍然十分有限，而社会教育以及社会教育资源的利用率很低。以数学学科为例，课本所能提供的内容只是一个个认知的"种子"，这些种子的成长需要的"养分"大部分应来自社会，而面向社会开放的大大小小的图书阅览场所正是应该被高效开发利用的"养分"。

二、基地资源与学生学习生活的关系分析

相比于社会教育，学校教育的资源和视野是十分有限的，社会教育和学校教育不应是相对割裂的。引导学生利用课外资源来辅助课内学习，提升学习时效是一种学习方式的变革，也是一个人不断完善自我的必经之路和必然趋势。

书籍作为学生获取知识的重要来源和直接途径，在拓宽学生视野、增长学生见识方面的作用不言而喻，各种对社会开放的大小图书馆就是最直接、最行之有效的资源，引导学生利用好这个"丰富的宝库"，从中汲取营养丰富的"智慧"，是我们每个教育工作者义不容辞的责任。

微课的教学目标

1、初步了解首都图书馆，并大体了解其中收藏的数学课外读物情况。

2、学会做好寻找资源前的准备工作，使活动过程更为顺利。

3、体会社会课堂中数学资源的丰富，提升利用社会课堂学好数学的意识。

微课的教学过程

一、首都图书馆简介

老师：同学们，在北京城区东南方向有一座图书馆，你知道吗？

学生：知道，就是首都图书馆。

老师：对啦，就是首都图书馆，它占地面积3.8万平方米，A座与B座以连廊相连结，总建筑面积9.4万平方米，具有2万人次的日接待能力。全馆实现无线网络全覆盖，设有20个阅览室（区），近4000个阅览座席，为公众提供全方位、多层次的文化服务。说首都图书馆是知识的海洋，智慧的宝库，再合适不过了。（展示一组首都图书馆的图片）

二、揭示主题导入新课

老师：今天，老师就来帮助同学们，看看怎样从首都图书馆中找到数学的智慧。

揭示课题：首都图书馆中的数学智慧

三、盘点走近目的地前的准备工作

1、谈话导入

老师：同学们，有人说数学很枯燥，没什么意思，你们认为呢？

学生：数学看起来好像很枯燥，但是细细品味，能发现很多的乐趣。

老师：其实，大家从课本上学到的数学只是冰山一角，在课外，还有你不知道的好多有意思的数学知识呢！就拿首都图书馆来说，这里有各种各样的数学课外读物，除此之外，还有很多有趣的学具，比如七巧板和积木，这个学期，我们学习了多边形的面积，下个学期，我们还要学习长方体和正方体，这两种学具正好给我们提供了体验数学活动的机会。（展示相关图片）

2、盘点准备工作

老师：要想从首都图书馆中找到自己需要的东西，都要做哪些准备工作呢？

学生：首先要了解图书馆的开放时间。

（1）明确场馆的开放时间

对图书馆的开放时间的了解是活动之前的必备条件。那么首都图书馆的开放时间是怎样的呢？

区域位置		区域名称	开放时间
A座地下一层	I段	历史文献阅览室	周一至周五 9：00至12：00 13：30至17：00
A座一层	III段	康复文献阅览	周二至周日 9：00至19：30
		一卡通通还处	
A座二层	I段	少年儿童图书馆总服务台	周二至周日 9：00至17：00
		少儿中文书刊借阅	
		亲子借阅	
	III段	少儿外文图书阅览	
		北京明德少儿英文图书馆	
A座三层	II段	青少年多媒体空间	
		童心舞台	

第四部分　课程相关附录

区域位置		区域名称	开放时间
A座四层	II段	中文图书借阅	周二至周日 9：00至19：30
		库本阅览	
B座二层	A区	新书刊借阅	周一至周日 9：00至19：30
	B区	数字文化社区样板间	
B座三层	A区	文学图书借阅	
	B、C区	中文报纸阅览、中文期刊阅览	
B座四层	A区	历史、地理文献借阅	
	B区	经济、语言文献借阅	
	C区	视听文献借阅	
B座五层	A区	社会科学文献借阅	周二至周日 9：00至19：30
	B区	自然科学文献借阅	
	C区	艺术文献借阅	
		计算机文献借阅	
B座七层	A区	外文文献借阅	
	B区	台港澳文献阅览	
B座八层	A区	中文工具书阅览	
		政治、法律文献借阅	
B座九层	A区	北京地方文献阅览	
		北京市政府信息查阅中心	

开放时间

说明：

1、闭馆期间可进行正常还书服务；

2、一卡通通还处文献请到馆外 24 小时自助图书馆归还；

3、少儿中文书刊及青少年多媒体空间文献请到 B 座二层引航厅指定自助借还书机归还；

4、其他文献请到 B 座自助借还书机归还。

老师：除了明确开放时间，还应该注意什么呢？

学生：还要考虑自己的阅读兴趣，知道自己喜欢看什么样的书。

（2）结合自身兴趣确定资源对象

如果自己是一个喜欢挑战和冒险的人，可以找一些较为专业的读物。如果是想感受数学的乐趣，就找和数学游戏相关的。如果是想从故事中了解数学知识，可以将数学小故事作为自己的寻找目标。

（3）结合自身接受能力，确定难易程度

首都图书馆中的数学课外读物难易有别，过于浅显的读物不能满足同学们的需求，过于深奥的读物会给同学们的理解带来困难。那怎样才能找到难易程度恰到好处的书籍呢？

学生：那就要要考虑自己的年龄和年级，在试读的过程中，结合自己的接受能力选择难易适度的读物。

（4）借助信息技术手段，提前网罗目标

在这里，老师有个重要的提示，同学们可以通过电脑和网络，访问首都图书馆的官方网站，利用"书目检索"功能，查看自己需要的资源。

当然，如果同学们不知道书名，还可以在网上搜索，网上有大量的适合小学高年级学生阅读的数学课外书的推荐，这样就可以获取书名了。

3、全课小结

相信通过今天的学习，同学们对如何在首都图书馆寻找自己喜爱的数学课外资源有了较为明确的认识。最后，老师衷心希望，同学们在课余时间亲自去首都图书馆看一看，不仅仅在数学方面，在各个学科、各个方面都能寻找到充满价值的优秀图书。

四、课程说明

相比于社会教育，学校教育的资源和视野是十分有限的，社会教育和学校教育不应是相对割裂的。引导学生利用课外资源来辅助课内学习，提升学习时效是一种学习方式的变革，也是一个人不断完善自我的必经之路和必然趋势。

微课的教学效果分析

通过本节微课的教学，学生对利用首都图书馆获取自身所需的数学资源的意识有了明显提升。对于如何利用好首图这个资源，利用时的技巧与注意事项，有了较为明确的认识。更重要的是，学生已经不再将学校作为辅助其健康、快乐成长的唯一场所，而是明白这样一个道理，学校教育只是接受教育的始发地，社会教育是对学校教育的有力补充，是学校学习的拓展和延伸。

微课的活动建议——学生用

1、明确场馆开放时间。

2、从兴趣爱好出发，了解自身对基地资源的需求。

3、利用信息手段，对基地先进行了解。

微课的使用建议——教师用

1、根据学生的年龄特点，对微课内容进行微调。

2、明确学生现状，主动了解学生需求，在尊重个体差异的基础上，关注每一个学生。

案例九： 带你走进图书馆

教学基本信息			
课题名称	带你走进图书馆		
大课堂基地名称	首都图书馆		
大课堂基地的编码			
学段	低段	年级	一年级
学科	语文		
所属阶段	准备阶段（√）实施阶段（ ）总结阶段（ ）		

基地资源与学习内容、学生学习生活的关系分析

一、基地资源与学习内容关系分析

绘本故事的学习，是为了让孩子在学习过程感受绘画与语言的完美结合，激发一年级孩子的阅读兴趣。但是，孩子们身边的绘本资源并不十分丰富，而首都图书馆是一座巨大的书的宝库。孩子们不仅可以在这里找到各种的绘本资源，更能体会到阅读的乐趣。

二、基地资源与学生学习生活的关系分析

作为一年级的孩子，他们的读书兴趣或者说读书习惯，还没有完全养成。孩子们也不清楚自己适合或者喜欢哪类书籍。走进首都图书馆，可以丰富孩子的课余生活，培养孩子的良好阅读习惯。

微课的教学目标

感受绘本故事的趣味性。

微课的教学过程

一、出示题目《逃家小兔》，解题、看图，激发学生探究故事内容的兴趣。

二、出示首都图书馆的图片，引入主题。

1、了解位置。

2、了解作用。

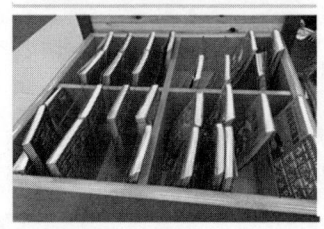  

3、了解借阅要求。

少年儿童身份证件或户口本原件 ➡ **少儿总服务台**

4、激发学生去首图借阅书籍的愿望。

四、提出建议

1、试着和爸爸妈妈一起去图书馆借阅《逃家小兔》绘本故事。

2、将自己了解到的故事内容讲给同学听。

3、还可以借阅其他的绘本故事给同学们讲一讲。

4、给同学们简单介绍一下你是怎么借到这本书的。

微课的教学效果分析

根据课前的调查，我们班的孩子没有任何一个去过首都图书馆，甚至很多孩子不知道在我们的城市有这样的一座特别的建筑。所以我用绘本故事的形式将孩子们带入到首都图书馆。虽然是简单的介绍，但是孩子们觉得既新奇又有意思。都有了去首都图书馆借阅的欲望，课后很多孩子都和爸爸妈妈去了首都图书馆。有部分孩子还找到了本节课中老师介绍的绘本故事。

微课的活动建议——学生用

1、试着和爸爸妈妈一起去图书馆借阅《逃家小兔》绘本故事。
2、将自己了解到的故事内容讲给同学听。
3、还可以借阅其他的绘本故事给同学们讲一讲。
4、给同学们简单介绍一下你是怎么借到这本书的。

微课的使用建议——教师用

1、去首都图书馆实地考察，了解借阅环境以及借阅资源。
2、收集丰富的照片资源给孩子看。
3、有后续的跟踪了解。

案例十： 走近绘本，感悟成长——《图书馆里的狮子》

教学基本信息			
课题名称	走进绘本，感悟成长——《图书馆里的狮子》		
大课堂基地名称	首都图书馆		
大课堂基地的编码			
学段	中段	年级	四年级
学科	语文		
所属阶段	准备阶段（√）实施阶段（ ）总结阶段（ ）		

基地资源与学习内容、学生学习生活的关系分析

一、基地资源与学习内容关系分析

这一学习内容，使学生理解故事内容，感受绘本带来的乐趣，喜欢上绘本。培养学生的观察、理解和想象能力。引导学生感受故事中的狮子与图书馆中的人们之间真挚的感情。知道图书馆是个安静的公共场所，应该怎么做。

二、基地资源与学生学习生活的关系分析

首都图书馆现馆藏丰富，各类文献逾650余万册（件），除古籍善本、地方文献、近代书报、音像资料外，还为学生提供了众多精彩的绘本故事。学生在大量的阅读中，不仅开阔了眼界、增长了知识，还提升了阅读能力。

微课的教学目标

1、提高学生阅读绘本的观察力。

2、提高学生的表达力。

3、感受故事中的狮子与图书馆中的人们之间真挚的情感。

微课的教学过程

《图书馆里的狮子》微课结构设计：

共分为五个部分

第一部分：老师开场白，引出故事。

第二部分：讲述绘本故事。

第三部分：学生谈对主人公的体会。

第四部分：通过这个故事学生懂得了什么呢？

第五部分：绘出"我心中的图书馆"。

具体过程：

一、引入

同学们，你们喜欢猜谜语吗？出示："此物老家在非洲，力大气壮赛过牛，张口大嘴一声吼，吓得百兽都发抖。"你们猜猜这是什么动物啊？对了，就是狮子。再猜猜这是什么地方？出示："一个能让你增长知识的书的王国"是图书馆。是的，首都图书馆就是一个能让人增长知识的王国。

今天给大家介绍这本《图书馆里的狮子》就是从首都图书馆里借阅的。这是一只特别的狮子；为什么他很特别呢？同学们你们知道狮子生活在哪吗？（森林、动物园）是呀！但是这只狮子却在图书馆里，真够特别的，那人们在图书馆里看见他会不会害怕呢？他们之间发生了什么故事呢？我们一起来看看吧。

　　设计意图：引出话题，引发学生的兴趣。

二、讲述绘本故事

图书馆来了一头狮子，大家吓了一跳。马彬先生从大厅跑进馆长办公室，告诉了馆长麦小姐。幸好狮子没有违反规定，而是在图书馆里逛了一大圈。他闻目录卡，在新书书架上蹭了蹭脑袋，趴在说故事区，睡着了。

狮子特别喜欢听故事，但是当讲故事时间结束的时候，他看看小朋友，看看说故事的阿姨，看看合起来的书，开始大吼。

麦小姐从办公室大步走出来，走向狮子警告他："如果不保持安静，就得离开，这是规定！"一个小女孩问麦小姐："如果他保证安静，明天可以回来听故事吗？"狮子不吼了，他看着麦小姐。麦小姐说："可以，一只安静、守规矩的狮子，明天当然可以回来听故事。

第二天，狮子很早就来到图书馆，并帮麦小姐做事情，狮子用尾巴扫去百科全书上的灰尘，直到说故事活动开始。隔天，狮子又早到了，这次麦小姐请他帮忙舔所有借书逾期通知的信封。

后来，不用别人交代，狮子也会主动做事情。有一天，狮子扫完所有百科全书上的灰尘、舔完所有信封、帮完所有小朋友后，说故事时间还有好一阵子才开始。他来到馆长办公室,想找些事情做。结果麦小姐因为够一本书,摔倒了。狮子为了通知马彬先生违反了规定。

第二天,一切恢复正常。但是,狮子没有来图书馆。图书馆里每个人,都不停地东张西望,希望能看到毛茸茸的熟悉面孔。但是狮子那天没有来,第二天也没来,第三天也没来。

马彬先生走出图书馆,没有回家。他四处寻找。转了一大圈,最后回到图书馆。狮子坐在图书馆门口,透过玻璃,往馆内望。马彬先生告诉狮子有一条新的规定,"只要有正当理由,比如说为了帮助受伤的朋友,在图书馆可以吼叫……"

第二天,马彬先生告诉麦小姐狮子回来了,大家都十分高兴。

设计意图:听故事,初步了解故事内容。

三、总结:同学们呢,我介绍给你的朋友你喜欢吗?为什么?

设计意图:请学生用自己的语言描述、解释所接受到的信息,能知道学生是否理解了重点。

四、通过这个故事你懂得了什么呢?

A:在这个故事里,馆长收留了狮子,让狮子在故事区听故事,对于狮子来说馆长是他的恩人,是他能确保听故事的知识引导者。在馆长摔倒后,狮子不顾规矩奋力救她,更是一只报恩的好狮子。知恩图报是个最简单的道理,它不是什么付出与回报的关系,它是一份温暖的回归。

B:狮子为了救馆长,去找马彬先生。可是无法用语言交流的狮子最后只能以吼叫的方式来引起马彬先生的注意。但因为吼叫,马彬先生认为狮子破坏了规矩，跑着去告诉馆长要求赶他出去。在马彬先生看来，狮子破坏规矩的事实，最后必定会导致不好的结果。可是，却不曾想想狮子为什么会吼叫。有的时候规矩是可以根据情况适当改变的，才不会有那么多无奈。

C：图书馆，是个安静的让大家静心阅读的地方。对于初来乍到的狮子从起初的不守规矩到后来的守规矩，又破坏规矩。这个过程，狮子深知在图书馆必须遵守规矩。如果不守规矩那就必须离开。从狮子自觉离开图书馆，说明了守规矩的重要性。当然，更多延伸的意义是，其他的公共场所也要保持良好的规矩，不论是安静的图书馆还是吵闹的饭店。遵守规矩的小孩子才有资格在相应的场所干相应的事情。

设计意图：这类问题没有现成的答案，需要学生自己组织思想、寻找依据，进行鉴别和解释，帮助学生提高逻辑思维能力。

五、绘出"我心中的图书馆"

"图书馆是一个充满无限可能的神奇地方，它的大门始终敞开，欢迎所有的人光临。"

本书作者米歇尔·努森画出了她心中的图书馆的摸样。她好想与更多的孩子分享，分享对书的爱，分享图书馆人和读者、读者与读者之间的情，分享图书馆里迷人的书香、诱人的故事和暖人的氛围。

你心中的图书馆是什么样的呢？

像天空那么宁静？

像高山那么神秘？

还是像大海一样广阔？

拿起你们手中的画笔，一起画出你们心中图书馆的模样。

设计意图：拓展练习，让学生对图书馆形象进行创作，让他们大胆想象、自由创造，提高学生主动学习的能力，拓展学生的思维，体现学生的主体性，张扬学生的个性。

微课的教学效果分析

1、听完故事后，学生对图书馆狮子进行评价。
2、通过这个故事，学生有什么感受。

微课的活动建议——学生用

学生准备：课前了解图书馆狮子的故事，准备绘画工具。

微课的使用建议——教师用

教师准备：提前到首都图书馆进行实地考察，借阅相关书籍，制作ppt。

注意事项：教师在前期参观时应与场馆人员进行协调、沟通，便于更好地引导学生学习。

案例十一: 走进首图,展现自我——英语课外阅读短剧表演

教学基本信息			
课题名称	走进首图,展现自我——英语课外阅读短剧表演		
大课堂基地名称	首都图书馆		
大课堂基地的编码			
学段	中段	年级	四年级
学科	语文		
所属阶段	准备阶段(√) 实施阶段( ) 总结阶段( )		

基地资源与学习内容、学生学习生活的关系分析

一、基地资源与学习内容关系分析

近两年劲松第四小学英语教学参与到北京师范大学"阅读教学改革"的课题研究,学生需要大量、广泛地接触英语课外读物。首都图书馆以英文原版少儿图书为主的明德少儿英文图书馆馆藏英文原版图书、光盘2万余册件,内容涉及识字读物、儿童文学和科普图书等,且首都图书馆邻近我校,这些丰富的外文图书为学生们的英语学习提供了大量课外阅读资源,解决了课堂及校内读物匮乏的难题,对教材学习及课外阅读书目提供了极大的补充,是学生进行课外阅读的强大后备资源。

二、基地资源与学生学习生活的关系分析

我校以艺术教育为特色,校舞蹈团和管乐团分别被评为北京市"学生金帆艺术团",校合唱团被评为朝阳区"朝花合唱团",同时我校也

是北京市朝阳区一所外事窗口校，社团学生每年都有参与国际交流的机会，拓宽了学生的国际视野。我校实施"五我"教育理念，其中"做国际的我"就是注重培养学生的口语交流表达能力，要求学生进行大量的课外英语阅读。北京明德少儿英文图书馆大量的充满童趣的英文原版书籍，拓展了学生的阅读渠道，也为学生实践提供了非常好的空间和资源。我校参与的"阅读教学改革"激发了学生的阅读兴趣和热情，而首都图书馆则是学生们继续补充课外阅读的广阔海洋，校内与校外两者结合，相得益彰，为学生的终身学习、终身发展奠定了扎实的基础。

微课的教学目标

1、学生能够深入理解台词，有感情地朗读本章节的剧本台词。
2、学生能够通过动作、语气等表现人物角色的情感和情绪变化。
3、学生能够大方、自信地将剧本表演出来，提升自己的表现力。

微课的教学过程

环节一：首都图书馆明德少儿英文馆简介

1、教师导入：同学们，今天我们将在首都图书馆明德少儿英文馆的"舞台表演区"表演一个英语短剧。下面有请 Harry 为大家简单介绍一下首都图书馆及明德少儿英文馆。

学生：用较为简易的英语介绍少儿图书馆。

第四部分　课程相关附录

老师：Today we are going to have an English play in Capital Library of China.

First, Harry will introduce the library to you.

Harry：Hello! I'm Harry. Welcome to Capital Library of China. I'm going to introduce the library to you. The Apple Tree library has been open since June, 2009.

This is family reading area.

This is Students' reading area.

This is audio-video reading area.

And this is the stage. A stage for us!

2、教师进一步介绍说明首都图书馆明德少儿英文馆与学习内容及学校、学生生活的紧密联系，首都图书馆明德少儿英文馆能为学生学习带来什么的帮助。

环节二：英语短剧 kidnap 表演前的准备活动

老师：What books do you like reading?

学生 1：I like Project X.

学生 2：I like Songbirds Phonics.

学生 3：I like Book Worm.

老师：Very good. I'm glad that you like reading. Today we will have a short play of kidnap on the stage in the library. Do you want to perform here?

学生：Yes！

老师：First let's check who are they in the play.

学生：共读。

老师：So you remember the story very well. Let's read some of the lines with intonation and emotion, OK?

学生：共读台词。

老师：Please try to act like this：

学生：读表演要求。

（1）能够有感情、流利、自然地说出台词。

（2）能够通过动作、语气等表现人物角色的情感和情绪变化。

（3）能够大方、自信地将剧本表演出来。

老师：Boys & girls, are you ready for the play?

学生：Yes！

老师：Now let's begin！

微课的教学效果分析

本课依据英语课程标准，合理利用各种教学资源，提高学生的学习效率。本节课以首都图书馆明德少儿英语阅览室的资源为依托，提供充足的条件拓展学生自主阅读的渠道和空间。具体体现在以下三点：

1、学生能够走进图书馆，投身社会大课堂中，通过趣味英语阅读，开拓学生视野，增强英语阅读兴趣，拓展英语词汇量。

2、学生乐于走进英文阅览室，能够借助阅览室里的英语绘本，充分感受原版英文读物的魅力,并通过朗读培养学生英语阅读能力,通过课本剧表演交流展示阅读成果。

3、通过借助首都图书馆"舞台表演区"这一场地,学生能够拥有充足的空间展示自我,满足他们表现自我的兴趣和热情,提升学生的表现力。

微课的活动建议——学生用

学生通过分角色表演,利用头像道具等辅助表演工具充分融入剧情,体验人物的心理和情感变化。

微课的使用建议——教师用

教师可充分利用首都图书馆的英文原版书籍拓展学生的阅读领域。

教师可利用首都图书馆的舞台表演区进行英语课本剧、课外短剧的展演等。

案例十二： 制作电子杂志

教学基本信息			
课题名称	制作电子杂志		
大课堂基地名称	首都图书馆		
大课堂基地的编码			
学段	高段	年级	五年级
学科	信息技术		
所属阶段	准备阶段（✓）实施阶段（ ）总结阶段（ ）		

基地资源与学习内容、学生学习生活的关系分析

一、基地资源与学习内容关系分析

首都图书馆的青少年多媒体空间为孩子们了提供数字阅读、视听文献借阅、多媒体技术体验等服务。这是一个集各类多媒体技术和资源于一身的复合功能空间，无线网络覆盖，装饰充满科技感，小读者在这里可以坐在舒适的沙发上和同学探讨学习问题，可以用台式机或平板电脑上网阅读，坐累了就和小伙伴一起玩玩体感游戏，或者在球型的"太空舱"里看电影、听音乐，还能把影音资料借阅区的近1万张光盘借回家慢慢欣赏喜欢的动画片。这里还将举办电影放映活动，召集小影迷们一同观看3D和蓝光影片。而阅览区一角的"电子工坊"内藏着2000余册有声绘本电子书，心痒痒的小读者还可以自己创意设计制作电子书，作品还有可能被选为馆藏。

第四部分 课程相关附录

信息技术第三册第二单元的学习内容是制作电子杂志，学生们在这里就可以设计规划自己的电子杂志，搜集制作素材，在电子书工坊进行制作，还可以与读友们一起交流分享，体验学习的乐趣，激发学生的兴趣。

二、基地资源与学生学习生活的关系分析

1、首都图书馆少儿馆为18岁以下未成年读者提供文献借阅和文教活动等服务，在儿童和青少年中大力推广优质阅读，促进他们健康快乐地成长。服务面积约4000平方米，依据儿童青少年读者年龄、生理和心理特点，分主题设有"少儿中文书刊借阅区"、"少儿英文阅览区"、"亲子借阅区"及"青少年多媒体空间"四大区域，为小读者提供各类文献借阅和阅读指导服务，并可进行数字阅读和新媒体技术体验，更有丰富好玩儿的互动活动定期举办。

2、"青少年多媒体空间"是一个汇集了各类多媒体技术与阅览资源于一体的复合功能空间，里面实现了无线网络全覆盖。平板电脑(Pad)错落有致地摆在一张不大的桌面上，另有台式电脑分置于不同区域，可以供孩子们随时浏览电子书刊文献。

3、学生能够走出校园，投身社会大课堂，开拓学生视野，深化课堂学习成果。

微课的教学目标

1、学生能够使用首都图书馆的网络资源，学会搜索与收集网上信息的方法。

2、了解电子杂志的特点，能独立完成电子杂志作品的制作与发布。

3、在首都图书馆的社会实践活动中，感受科技给人们的学习生活带来的巨大变化。

微课的教学过程

一、活动背景介绍

同学们在很小的时候就已经开始接触到各种杂志了，如《幼儿画报》《少年科学画报》等。这些内容丰富、形式多样、插图精致的杂志吸引了无数小朋友的眼睛。

如今，随着科学技术的发展，又出现了一种新形式的杂志——电子杂志。电子杂志不仅图文并茂，还可以融入声音、视频、动画等多媒体形式，可以让我们在阅读的过程中获取更为丰富的信息。

制作电子杂志也是同学们在学习信息技术时需要掌握的本领之一。在制作前要规划好电子杂志的内容，还要收集整理相关的素材。首都图书馆给同学们提供了丰富的阅读资源，今天我就带着孩子们来到了首都图书馆的多媒体空间，这里既有孩子们喜欢的各类少儿读物，又有电脑设备，孩子们在这里亲身体验了制作电子杂志的乐趣。

经过一天的体验，孩子们会有怎样的收获和感受呢？让我们听听他们是怎么说的吧……

第四部分　课程相关附录

二、动手体验，作品展示

学生在首都图书馆的电子书工坊制作电子杂志，分享交流，展示作品。

1、介绍首都图书馆青少年多媒体空间

大家好，我是来自北京市朝阳区劲松第四小学的马雨桐，我的电子书是关于首都图书馆多媒体空间的一份介绍。因为我觉得这里太好了，我们可以上网进行数字阅读，看电影、听音乐，还可以自己动手创意设计、制作电子书。还有大量书籍可供阅读，供我在书海里畅游，增长了许多见闻，结识了众多书友，我非常想把这里介绍给更多的同学，让大家多来图书馆阅读，让阅读成为我们的一种习惯。

2、寒假出行计划

大家好，我是来自北京市朝阳区劲松第四小学的刘梓轩，我的电子书是我在刚刚看了有关旅游的书籍后，制订的一份寒假出行计划。我希望首都图书馆能帮我把的我第一份自制寒假出行计划收藏起来，有可能的话，我要记录下我的每一次出行，这也是我的成长足迹呀。大家看我这出行计划还完善、可行吗？希望伙伴们多提宝贵意见，我希望我能度过一个愉快而有意义的假期。出行回来，我再做一份电子书，与伙伴们分享旅行乐事啊！

3、摘抄精彩片断

大家好，我是来自北京市朝阳区劲松第四小学的高嘉煜，我的电子书是我写的读后感。在这里阅读后，只要有了想法、有了灵感就可以马上记录下来，真是方便、及时、高效，关键是还可以上网，这样分享交流的范围扩大了很多，大家一起畅聊各自对作品的感受，真是痛快极了！

三、活动总结

今天我们走进首都图书馆多媒体空间的电子书工坊，学会了制作精美的电子杂志，今后同学们就可以把自己的文章、书法、绘画、摄影作品，制作成电子杂志，上传到网上与大家一起分享。好的作品还会被图书馆收藏。在首都图书馆的多媒体空间里，除了电子书工坊，还可以上网进行数字阅读；和小伙伴们玩体感游戏；看电影、听音乐。

希望大家能够多利用首都图书馆的学习资源，丰富自己的学习生活。

微课的教学效果分析

1、学生依据作品评价表进行评价

项　目	等　级
主题健康向上	
内容充实	
页面美观，布局合理	

2、首都图书馆非常重视少儿阅读活动的组织与开展，秉承"在活动中学习，在参与中提高"的宗旨，首都图书馆少儿馆以丰富的馆藏文献资源为依托，开展内容丰富、形式多样、寓教于乐的阅读活动，从

多种角度对少年儿童进行道德品质、文化艺术和科普知识等方面教育，启发孩子想象力、培养创造力、阅读习惯和提高阅读兴趣。

3、在首都图书馆的实践活动中，开阔学生的视野，丰富学生的知识面，能够将学、用紧密结合，充分体现了大课堂的主旨，让学生在体验中成长。

微课的活动建议——学生用

1、爱护首都图书馆的电脑设备，做文明小读者。

2、要准备好 U 盘、笔、本等物品，用于记录和保存资源素材。

3、制定电子杂志的设计方案和规划。

微课的使用建议——教师用

1、提前到首都图书馆参观，熟悉图书馆网络及设备的使用方法和注意事项。

2、与场馆人员进行协调、沟通，便于更好地引导学生学习。

案例十三： 认知图书馆——如何搜集和整理资料

教学基本信息			
课题名称	《认知图书馆——如何搜集和整理资料》		
大课堂基地名称	首都图书馆		
大课堂基地的编码			
学段	中段	年级	四年级
学科	信息技术		
所属阶段	准备阶段（✓）实施阶段（✓）总结阶段（　）		

基地资源与学习内容、学生学习生活的关系分析

一、基地资源情况分析

首都图书馆位于朝阳区东三环华威桥东南角，是北京市属大型综合性公共图书馆，馆名由郭沫若先生亲笔题写。该馆面向全市，为公众提供图书报刊资料、文化知识及信息咨询服务，现有藏书650多万册，含线装书、善本图书、中文图书、外文图书、报刊合订本等，音乐戏曲唱片2万多张(盒)，北京地方文献专藏5万余件。

二、基地资源与学习内容的关系

世界上许多国家都非常重视通过图书馆加强对青少年信息素质的培养。图书馆是一个把所有学科知识都集中在一个有信息传递意义框架下的、拥有大量信息资源的典型环境。而青少年获取知识的途径除了课堂学习外，主要是利用图书馆，因而图书馆自然是信息素质教育

的主力军、主渠道。

1、图书馆是青少年获取信息知识的最佳场所

现代意义上的图书馆，它的功能不同于传统意义上的单纯的"藏书楼"，它是青少年课外获取知识信息的有效途径和培养青少年主动性和创造性的第二课堂。图书馆不仅要融入青少年的生活，而且也要让青少年融入到图书馆中来，使其终生受益。

2、图书馆是培养青少年信息素质的基地

在高度信息化的社会里，信息是知识的载体，是一种资源，怎样取得知识比拥有具体知识更为重要。这就要求青少年必须学会运用现代化的手段获取信息。学会收集处理、选择和管理信息，学会对信息进行归纳、分析、比较、筛选和综合。图书馆可以充分发挥服务与教育职能，充分利用自身信息资源、信息网络以及信息教学培训优势，创造提高青少年信息素质养成的条件和环境。

3、图书馆是培养青少年自学能力的温床

从根本意义上说，具备信息素质的人是那些知道如何进行学习的人。他们知道如何进行学习，是因为他们知道如何寻找信息，如何组织信息，以及如何利用信息。新世纪素质教育强调的重点之一就是培养青少年的自学能力。

三、基地资源与学生的学习、生活的关系

1、新课程的要求。北京市于2008年9月启动了中小学生"社会大课堂"工作、把包括爱国主义教育基地、历史文化古迹、名人故居、纪念馆、博物馆、展览馆、影剧院、文化馆等各类单位在内的481家

社会单位纳入管理体系。首都图书馆作为第一批被命名的基地，能够从自身的资源特点出发，与有关部门和学校密切配合，完善课程资源内容开发，为学生提供了安全的活动环境、相适应的教育教学内容，并提供了免费优质的服务。

2、综合实践活动学科课程性质的要求。综合实践活动的开发与实施要克服当前基础教育课程脱离学生自身生活和社会生活的倾向，应面向学生完整的生活领域，引领学生走向现实的社会生活，促进学生与生活的联系，为学生的个性发展提供开放的空间。学生在首都图书馆开展的各种实践体验活动，注重了他们在实践性学习活动过程中的感受和体验，超越了单一的接受学习，在亲身经历实践过程，体验实践活动的过程中，实现了学习方式的变革；使学生在活动中乐于探究、勤于动手和勇于实践，发展了创新精神和实践能力。

微课的教学目标

一、教学目标

1、学生能够初步掌握利用首都图书馆相关的网络及图书资源进行查找相关主题资料的方法。

2、学生在搜集资料的过程中能够养成初步的信息意识，提高动手实践能力。

3、学生在活动中能够体验研究的乐趣，渗透学校"五我"教育中"做智慧的我"教育。

二、教学重、难点

在图书馆中搜集与整理资料的方法。

微课的教学过程

第一阶段：活动准备阶段：提出研究主题

设计意图：指导学生确定研究主题，制定研究计划，组内交流梳理。

1、教师提出本次的研究主题：关于儿童健康

老师：同学们，你们是祖国的未来，作为家长和老师都希望你们能够健康地成长，将来能做一名对国家、对社会有用的人。那么，怎样做才能让我们不断地健康成长呢？今天我们的综合实践活动课就和同学们共同来研究有关"儿童健康"的问题。

2、学生小组讨论，提出本组研究的小主题。

预设小主题：饮食健康问题、保护视力预防近视眼问题、青少年如何拥有一个健康的身体问题等。

3、学生班内交流，确定本组研究主题。

教师组织各组进行交流，师生共同评议。

4、学生小组制定活动计划，教师指导（指导策略：各小组搜集资料时要注重利用首都图书馆的资源）。

5、班内交流活动计划

第二阶段：活动实施阶段：利用首都图书馆资源搜集整理相关资料

设计意图：指导学生利用首都图书馆的相关图书、数据资源，开展相关主题的搜集与整理资料活动，促进学生对"搜集与整理资料"这一方法的体验与掌握。

1、教师小结学生在活动准备阶段的活动情况。

老师：在之前的活动中，同学们根据大主题"儿童健康"纷纷确定了本组的小主题，同时制定了具体的研究计划。下面我们就要开始相关主题的搜集与整理资料的活动了，为了使同学们的活动更具针对性，我们邀请首都图书馆的工作人员为我们讲解一下相关资源的使用方法。

2、邀请首都图书馆工作人员讲解、介绍：首都图书馆社区数字中心的相关资源及使用方法。

3、学生小组讨论：研讨小组搜集资料的方式。

预设活动方式：图书搜集、计算机网络搜集、平板电脑搜集等。

4、班内交流汇报，师生提出活动建议。

5、学生分小组进行搜集资料的活动，完成活动记录。

6、教师与工作人员分组进行指导。

第三阶段：交流总结阶段　小组交流活动成果

设计意图：指导学生交流本组的研究成果，促进学生信息素养的不断养成。

1、教师讲解交流的要求。

老师：各组汇报时要说明本组的主题、采取的搜集资料的方法及搜集的结果；其他组认真聆听，可以随时向汇报组同学提问。

2、班内各小组进行交流。

3、师生及工作人员对学生的活动过程、成果进行点评。

4、学生交流本次活动的感受。

老师：通过参加今天的研究性学习活动，你有什么收获或感受，与我们大家分享一下。

5、邀请工作人员介绍首都图书馆的其他服务和功能。

6、学生进一步提出对图书馆开展探究性活动的设想。

微课的教学效果分析

一、评价方法与评价手段的说明

1、通过多元评价对学生在小组活动过程中的表现给予评价。

学生活动评价表

班级：　　　　姓名：

等级＼项目	优秀 ☆☆☆☆☆	良好 ☆☆☆☆	合格 ☆☆☆	自评	互评
活动准备	资料准备丰富	资料准备较丰富	有资料	☆☆☆☆☆	☆☆☆☆☆
个人探究	探究意识强烈	具有比较强的探究意识	能够参与到小组学习活动中	☆☆☆☆☆	☆☆☆☆☆

等级 项目	优秀 ☆☆☆ ☆☆	良好 ☆☆ ☆☆	合格 ☆☆☆	自评	互评
合作精神	能够以小组的利益为出发点完成合作学习活动	能够与组员合作完成大部分学习活动	基本完成学习任务	☆☆☆ ☆☆	☆☆☆ ☆☆
活动成果	符合活动主题要求，制作精美、有新意	符合活动主题要求，制作较精美	能够基本完成主题活动作品	☆☆☆ ☆☆	☆☆☆ ☆☆
等级		教师点评			

优秀：18-20 ☆　　　良好：15-17 ☆　　　合格：12-14 ☆

1、工作人员对学生活动的评价。

2、教师点评。对学生在整个活动中的表现给予及时客观的评价，激励学生参与活动的热情，促进学生的合作意识和团队精神。这些评价以鼓励性评价为主，使学生在学习的过程中得到精神的满足。

二、学习效果评价

本次主题活动的评价以课程的性质和目标为依据，重参与、重过程和重发展，强调评价主体与方式的多元化、评价内容的综合性与全面性、评价标准的合理性与科学性，以及评价方法、手段的多样性。

活动中有学生间的互评、教师的点评，有对学生参与活动的全程评价，还有重点活动阶段的专项评价。

微课的活动建议——学生用

学生准备：初步了解有关"儿童健康"的相关知识，确定研究主题，自愿结组。

微课的使用建议——教师用

1、教师准备：登陆首都图书馆网站，搜集、整理相关内容；提前实地参观，了解馆内展品内容与布局，设计学习问题。

2、注意事项：教师在前期参观时应与博物馆的讲解人员协调、沟通，便于更好地引导学生学习。学生在参观时要准备好相机、录音笔、摄像机、笔、记录本等物品。

根据小组研究主题，将学生分为4组，每个小组5-6人左右。

二、资源单位地址、路线、开放时间与注意事项

乘车路线及联系方式

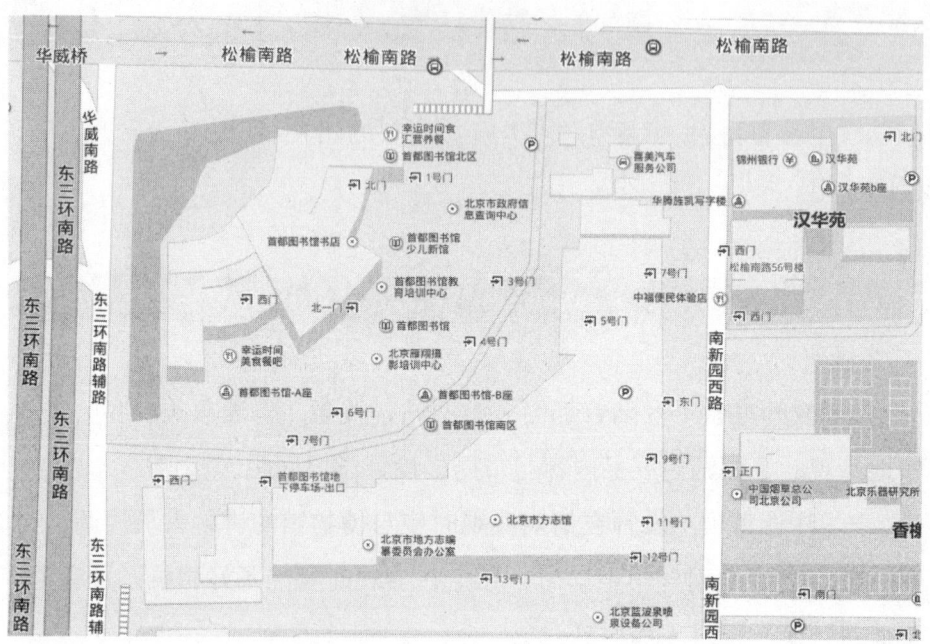

地址：北京市东三环南路 88 号　邮编：100021

交通：乘坐 300 路、运通 107 路、28 路公共汽车，到"首都图书馆"站下车，即可到达。

电话：67358114

网址：http://www.clcn.net.cn/

第四部分　课程相关附录

三、资源单位展陈内容及场馆情况的简要介绍

首都图书馆是北京市属大型公共图书馆，坐落于东南三环华威桥东侧，为全体社会大众提供文献借阅、信息咨询、讲座论坛、展览交流、文化休闲等全方位、多层次的文化信息服务，是北京市重要的知识信息枢纽和精神文明建设基地。

首都图书馆的历史可追溯至1913年，由鲁迅先生亲自参与倡建的京师图书分馆、京师通俗图书馆和中央公园图书阅览三馆几经合并演变而成。2001年5月1日，作为北京市四大文化标志性建筑之一的首都图书馆新馆一期（A座）正式对外开放，服务效能得到质的提升。2004年，北京市少年儿童图书馆迁入，两馆的合并使首都图书馆的服务功能更加完备。2012年9月28日，首都图书馆新馆二期（B座）正式对外开放，遵循"大开放、大服务"的服务理念，成为全国开放度最高、融合度最好的公共图书馆。

首都图书馆占地面积3.8万平方米，A座与B座以连廊相连结，总建筑面积9.4万平方米，具有2万人次的日接待能力。全馆实现无线网络全覆盖，设有20个阅览室（区），近4000个阅览座席，还设有多功能剧场、展厅、电影鉴赏厅、报告厅、多功能厅及会议室等十余个专业厅室，为读者提供多样化文化服务。

第四部分 课程相关附录

第四部分 课程相关附录

首都图书馆现藏各类文献逾650万册（件），古今中外文献并汇，学科门类齐全，文献载体多样，尤以古籍善本、北京地方文献、近代书报、音像资料、外文书刊最富特色。其中，古籍近50万册（件），善本6000余部，闻名海内外的珍藏《车王府曲本》收各种戏曲、曲艺抄本1600余种，是研究中国俗文学、民情、民俗的文学宝库；地方文献5万余种，16万余册（件），是研究级的文献资源系统，收藏了存世北京地方志的全部品种；老唱片2万余张，包括戏曲、曲艺、歌曲等，其中京剧、相声及流行歌曲中不乏珍贵品种，收录了四大名旦唯一合唱的老唱片《四五花洞》。

首都图书馆采取借阅合一、开放式、自助式、智能化的服务方式,为读者提供100余万册(件)开架文献的免费借阅,可借阅文献数量在全国公共图书馆中居首位,并利用RFID技术,使读者检索文献更方便、快捷。在空间布局和服务功能上,实现了传统阅读与数字阅读的"无缝衔接",阅读学习与文化休闲的"有机结合",以最佳的融合度让读者更好地使用图书馆。

首都图书馆积极运用现代信息技术与数字阅读技术,为读者提供多样化的现代阅读体验。"掌上图书馆"让150万持卡读者随时随地享用图书馆的资源;"自助图书馆"实现了24小时全天候自助图书借还服务;"手持阅读器"让读者带着"移动的图书馆"随身阅读;"触屏读报"、"畅听阅读"等项目也深受读者欢迎。

第四部分　课程相关附录

首都图书馆以创新精神加强文化服务建设，以品牌带发展，开展了多项在全国图书馆界具有首创性的工作，打造了"北京记忆""首图讲坛""少儿动漫在线""世界走廊"等十余个知名文化品牌。

首都图书馆重视发挥中心图书馆职能，积极推进全市公共图书馆服务体系建设。通过"北京市公共图书馆计算机信息服务网络"（图书"一卡通"）构建互联、共享、便捷的北京市公共图书馆服务体系；作为"北京市古籍保护中心"，指导全市古籍保护与开发利用工作；利用

"共享工程"实现数字信息服务,推进城乡公共文化一体化;建设"数字文化社区样板间",在全市范围内推广"数字文化社区"服务;发起并加入"首都图书馆联盟",引领全国图书馆业界加强资源整合、资源共享,发挥全国文化中心的示范作用。

作为北京市公共图书馆中心馆,首都图书馆在夯实基础业务、做强品牌服务的同时,着力推进全市图书馆服务体系建设,有效发挥着中心图书馆的引领辐射作用和为城市经济社会发展的智力支撑作用,致力于成为首都先进文化的辐射源、学习型城市的策源地、市民学习休闲的目的地和文化之都的重要标志。

首都图书馆(北京市少年儿童图书馆),本着"在活动中学习,在

第四部分　课程相关附录

参与中提高"的服务理念，专门设置少儿阅读活动中心，来负责为广大未成年读者开展丰富多彩的少儿阅读活动，每月活动精心策划，做到"月月有主题，周周有精彩"。首都图书馆以家庭为单位，组织课后实践活动（除寒暑假外每周六、日），活动基本包括以下几大类型：

（一）精彩故事会

首图现已形成"红红姐姐讲故事"、"阅读故事发现会"、"书影共读"、"书眼看世界"等不同形式的故事会，在未成年人阅读推广中发挥了积极的作用。

（二）趣味知识讲座

为充分发挥其社会教育职能，首图为少年儿童定期开设成长课堂、与名家面对面等知识讲座及沙龙，让孩子们在有趣的讲座中了解和学习课本之外的知识。

（三）丰富文化活动

为了给未成年读者提供一个展示自我、结识朋友的平台，首图还为未成年读者定期举办"童心舞台"、"巧巧手美劳加工厂"、"今天由我讲故事"等参与互动类活动，丰富了少年儿童的精神文化生活。

（四）家长教育类活动

为了满足家长的育儿需求，首图还为家长朋友定期举办家教知识讲座及沙龙，给他们提供了一个不断学习和相互交流的平台；同时，首图还开展"'播撒幸福的种子故事'志愿者培训"，希望通过志愿者的身体力行来宣传早期阅读及亲子阅读的重要性。

后 记

　　为全面深化教育领域综合改革，落实《北京市中小学培育和践行社会主义核心价值观实施意见》（京政办发【2014】52号），《北京市基础教育部分学科教学改进意见》（京教基二【2014】22号），北京市教委于2015年启动了"利用社会资源丰富中小学校外实践活动课程"项目，并推动将其列入北京市政府实施工程。

　　在市教委和北京教育科学研究院基础教育教学研究中心的带领下，首都图书馆作为资源单位，与定点实验学校北京市朝阳区劲松第四小学紧密配合，围绕着馆内资源，开发了一系列适合中小学生的校外实践课程。首都图书馆少儿馆在馆长的关注和关怀下，各部门通力合作，多次商讨，整合全馆适合中小学生的资源，开发了"1+1+1"的课程，编写了《书香首图 悦读阅美——首都图书馆校外活动实践课程》。为了让整个课程能够回归于学校，与学校不同年级、不同学科做对接，开发出适合孩子的课程，首都图书馆工作人员多次与朝阳区劲松第四小学的老师进行沟通。最终确立整个课程体系，并对各主题课程做了详细介绍。

　　教材的编写得到了朝阳区教研中心及北京市朝阳区劲松第四小学

的大力支持，北京市朝阳区劲松第四小学的老师为本书写了13篇实践案例。在编写案例的过程中，北京市朝阳区劲松第四小学的老师多次来首都图书馆实地考察，了解首都图书馆少儿馆的各个区域，包括各区域的功能及馆内资源，最终确定了13个课程案例。在案例编写过程中，朝阳区教研中心的老师也同各位老师进行了多次的教学研讨，对每一篇案例进行了研究并提出了修改意见。每一篇案例在全市观摩会上都做了课程展示，得到了一致好评。

北京教育科学研究院基础教育教学研究中心的领导和老师审阅了此书，并提出了修改意见，经过反复的校对和修改，最终审定了教材。

自2008年起，首都图书馆一直开展社会大课堂活动，在中小学生校外实践活动中，积累了一定的经验，但是也存在着一些不足。随着教育的深化改革，首都图书馆会进一步挖掘馆内的资源，修改和完善现有的课程，并开发新的课程。

编者

2016年10月